숨겨둔 이야기

숨겨둔 이야기

엄마에서 나로,
우리가 처음 시작하는 이야기

천내 제로담 협동조합 지음

느린
서재

프롤로그

이 책을 펼친 당신에게

당신은 지금 어디에서, 어떤 하루를 보내고 계신가요? 저는 대구의 작은 동네, 천내리에서 여름을 보내고 있습니다. 두 아이를 키우며 살림하고, 가끔은 지치고, 가끔은 웃기도 하며 살아가는 평범한 엄마입니다. 어쩌면 이 책을 펼친 당신도 누군가의 엄마일지 모르겠습니다. 혹은 엄마가 되어가는 중이거나, 가족을 돌보며 하루를 열심히 살아가는 누군가일 수도 있겠지요.

이 책은 저처럼 대구 천내리에 살고 있는 엄마들이 모여 함께 쓴 이야기입니다. 우리들은 2024년 9월, 천내리 도시재생현장지원센터에서 진행한 제로웨이스트 강사 과정에서 처음 만났습니다.

'아이들에게 도움이 될까?' '재미있는 걸 해보고 싶다' '잠시 날 위한 시간을 가져볼까?'

소소한 마음으로 시작된 일이었지만, 함께 시간을 보내고 이야기를 나누는 동안, 우리는 오랜만에 '나' 자신으로 돌아올 수 있었습니다.

사고뭉치 아이 이야기, 남편 이야기, 시집살이 이야기, 그 누구에게도 말하지 못했던 마음속 이야기들, 일상 속에 묻어둔 감정들 그리고 잊고 지냈던 '나'라는 이름까지. 우리는 아이를 돌보던 손을 노트북으로 옮겨 자판을 두들기게 되었고 그 시간을 다듬어 각자의 삶을 조금씩 꺼내어 놓기 시작했습니다.

이 책은 누군가는 눈물로, 누군가는 웃음으로 망설이면서 한 줄 한 줄 써 내려간, 진심이 모여 완성된 이야기입니다. 지금껏 말하지 못했던, 하지만 분명 내 삶의 일부였던 순간들을 꺼내 써 내려갔습니다. 우리는 글을 잘 쓰는 전문가도 아니고, 대단한 인생 스토리를 가진 사람들도 아닙니다.

하지만 진짜 속이야기를 하고 싶었고 누군가에게 위로가 되고, 공감이 되고 "나만 그런 게 아니었구나"라는 작은 안심이 되어줄 수 있기를 바랐습니다. 아무도 알아주지 않지만 묵묵히 살아야 했던 하루들, 울고 싶었지만 참아야 했던 순간들, 그 사이사이에 피어난 작은 웃음과 다짐들 그리고 내일을 다시 꿈꿔본 이야기들의 모음입니다.

  대단한 메시지를 전하려는 건 아닙니다. 다만 이 책을 앞에 둔 당신에게, 이 이야기가 작은 위로가 되길 그저 바랍니다.

대구에서, 김향진 드림

차례

004   프롤로그   이 책을 펼친 당신에게

010   **다시 시작하는 시간** | 김향진

024   **대구, 그 기묘한** | 박서현

038   **쌍끌이로 산다는 것** | 탁지혜

052   **엄마처럼** | 하금희

064   **모성애가 없는 엄마** | 김수민

076	**변화를 시작하려는 문 앞에서**	김하늬
094	**나중이 아닌 지금**	박지수
106	**'엄마'이지만 동시에 '나'이기도 하니까**	편정민
122	**스녕아 어디가?**	김선영
134	**첫 걸음**	이서진
152	**제로 웨이스트를 문득 만날 때**	김경애

| 160 | 에필로그 꿈을 위한 꿈 |

다시 시작하는 시간

김향진

팍팍한 날들 속에서도 내가 나를 바꿀 힘이 있다고 믿는다. 대구 토박이, 아이들이 너무 이쁘지만 종종 혼자 있고 싶다. 남들보다 십 분 일찍, 뭐든지 계획을 세워야만 마음이 편한 사람.

○
○

오늘도 몸이 먼저 반응한다. 이제는 누가 깨우지 않아도, 깜짝 놀라 시계를 바라본다. 전쟁이 난 것도 아닌데 알람보다 30분, 어쩌면 한 시간이나 먼저 눈을 뜬다. 시계를 힐끗 확인한 뒤, 도둑고양이처럼 물통과 빈 도시락통을 챙겨 가방에 넣는다. 아이들이 깰까 봐 조심조심, 인형 놀이하듯 옷을 갈아 입히는데 둘째에게 딱 걸려버린다.

"꼰쥬!"

둘째가 울음을 터뜨린다. 공주 옷을 입히기 전까지 멈출 기세가 아니다. 살살 어르고 윽박질러도 소용이 없다.

"자, 이거 맞아?"

"응, 예쓰! 오케잉!"

이기는 쪽은 늘 정해져 있다. 1차전을 끝내고 나면 머리가 어질어질하다. 아침마다 이렇게 전쟁을 치를 때면 오래전 기억이 아지랑이처럼 피어오른다.

매일 울면서 시작하던 어린 시절 아침들. 학교에 가기 싫었던 건지, 엄마 품이 그리웠던 건지, 그 이유는 아직도 분명하지 않다. 다만 엄마는 늘 말했다.

"가기 싫으면 안 가도 돼. 엄마랑 밭에 가자."

그 한마디에 울음을 멈추고, 다시 책가방을 들고 후다닥 학교 가는 버스에 올라탔다. 아침이슬이 채 마르기도 전에 시작해 별이 뜬 뒤에도 끝나지 않던 하루. 전국 팔도를 떠돌아다니는 사람처럼 얼굴 보기 힘든 아빠와, 로봇처럼 아무런 감정 없이 움직이던 엄마. 농촌의 시간은 시계가 필요 없을 만큼 쉼 없이 흘렀다. 엄마를 돕는 짧은 순간이 그 어떤 시간보다 소중했다. 엄마와 단둘이 있는 그 시간이, 세상에서 가장 특별하게 느껴졌다.

할머니는 늘 우리 남매를 돌봐주셨다. 그 시절, 아들과 딸 차별은 말도 못 할 정도로 심했다.

초산이라 아무것도 모른 채, 그저 배가 아픈 줄로만 알고 근처 보건소에 갔던 엄마는 그 자리에서 덜컥 아이를 낳아버렸다. 아들이라는 소식에 마치 큰 경사라도 난 듯 집은 들떴고, 연신 감사하다는 말과 함께 거금 만 원을 써서 보건소 직원들에게 박카스를 돌렸다.

하지만 그 순간, 출산의 고통은 강 건너 불구경처럼 아무도 관심을 두지 않았다. 하늘이 노래지고 땅이 붙는 것 같았다고, 엄마는 그때의 고통을 회상하셨다. 그러나 누구도 그 말을 진심으로 들어주지 않았다.

손이 귀한 집은 아니었지만, 오빠는 장손이 아니었다. 할머니는 큰집에 장손이 태어나길 기대하고 있었지만, 하늘은 그 소원을 쉽게 들어줄 마음이 없었는지 또 딸이 태어났다. 게다가 미숙아였다. 인큐베이터에 들어가 있다는 말을 들은 할머니는 이렇게 말했다.

"거 다 죽어가는 걸 버리지 돈 아깝그로."

그 말을 들은 엄마는 둘째를 낳겠다는 생각을 곱게 접어 멀리 날려 버렸다.

"임신입니다."

"네?"

"5개월인데 모르셨어요? 태아가 너무 작아요. 혹시 수유하시면 끊으세요."

엄마는 수유를 끊는 게 아니라 아이를 지우려고 했다. 할머니께서는 세상 인자한 모습으로 생명이 소중한데 어찌 지우냐, 낳아야지 하며 아이를 낳길 강요하셨다.

할머니는 내가 태어날 때까지 어린 오빠를 동네방네 젖동 냥하듯 데리고 다니시면서 애정을 쏟아부으셨다. 5개월 후.

"산부인과 가서 아이 낳으면 안 아프게 잘해 준단다. 이번엔 산부인과로 가서 낳아봐."

동네 아줌마들의 말을 듣고 진통 시작과 동시에 한 시간 거리의 병원에 갔다. 도착하자마자 엄마는 입구에서 아이를 낳았다. 하지만 할머니는 딸이라는 소식을 듣자 퇴원하라고 말했다. 저녁 9시라 퇴원이 안 된다고 해서, 엄마는 겨우 입원을 했다.

할머니께선 "뭐 지지바 낳는데 입원까지 하고 돈을 얼마나 쓰는 거고, 우리 아 어마이 젖도 못 먹고" 하시며 화를 냈다. 또 아들을 낳으면 한 명을 큰집으로 보낼 생각을 하셨다는 말을 나중에 들었다.

시간이 흘러 할머니의 애정은 더욱 오빠에게 쏟아졌다. 우리 남매가 다투다 혼나는 날이면 할머니의 목소리가 화살처럼 귓가에 박힌다.

"저 지지바가 아들 기 다 죽이네"라는 말은 이름표처럼 따라다녔다. 대단한 잘못을 하지 않아도, 나는 딸이라는 이유로 혼나야만 했다. '아들은 되고, 딸은 안 된다'라는 말도 안 되는 법이 우리 집안에 깊숙이 박혀 있던 2000년대였다.

열 살 무렵에는 식사 때마다 툴툴거리며 까치발로 겨우 가스불 앞에 서서 달걀을 부치기 시작했다. 노릇노릇 부쳐진 달걀을 노른자가 터지지 않게 조심스레 뒤집고 제물처럼 상에 올린 뒤 조용히 자리에 앉는다. 밥을 뜨는 순간 내 숟가락 위에 올라온 김치 한 조각, 그것이 세상 어떤 음식보다 더 달콤했다. 그 달콤함이 다 사라지기도 전에 벌처럼 날아든 오빠의 한마디.

"물."

누굴 지정하지 않았지만, 그 한마디에 입안의 김치와 밥이 어우러지기도 전에 벌떡 일어나 물을 대령해야 했다.

아주 가끔, 아빠 손에 치킨이 들려오는 날이면 서러움이 더해진다. 다리는 늘 아빠와 오빠 몫이었다. 감히 손을 뻗을 수도 없었다. 그 마음을 읽었는지 아빠가 나에게 닭다리를 건네주는 날에는 "여시 같은 것이 지 애비 먹는 걸 다 뺏어 먹네" 하는 핀잔을 들어야 했다. 그놈의 치킨 다리가 뭐라고, 그 말은 가슴에 가시처럼 오래 박혀 있다.

엄마는 "지금이라도 많이 먹어"라고 늘 말씀하신다. 하지만 엄마도 닭다리는 사위에게 먼저 건넨다. 다행히 남편은 다리를 좋아하지 않아서 나와 아이들 차지가 된다.

이러한 팍팍한 날들 속 유일한 탈출구는 텔레비전이었다. 저 유명인들처럼 훗날 나의 극적인 이야기도 온 세상 사람들에게 알릴 거라 다짐하며 마음속 서랍장에 차곡차곡 쌓아두었다.

열일곱 살, 집을 떠나 멀리서 기숙사 생활을 하던 내게 애타게 기다리던 여름방학이 찾아왔다.

방학 첫날 아침, 엄마가 서둘러 외출 준비를 하셨다.

"엄마, 어디 가?"

"장 보고 올게."

엄마는 조용히 장을 보러 나갔다. 그런데 이틀, 사흘이 지나도 집으로 돌아오지 않았다. 우리 아이들은 항상 내게 "엄마 같이 가"라고 말하는데 그날은 엄마에게 같이 가자라는 말 한마디를 왜 못 했을까? 아무 소식 없이 연기처럼 사라진 엄마를 기다리며, 비로소 깨달았다. 엄마에 대해 아무것도 모른다는 걸. 누구에게나 있는 그 흔한 휴대전화 하나 없이 무심하게 살아가던 엄마였다는 걸. 엄마의 행적에 대해 물어볼 사람이 아무도 없었다. 그저 버스 정류장이 보이는 담벼락에 앉아 하루, 이틀, 사흘, 한 달을 기다리는 것밖에 할 수 있는 일이 없었다.

세상은 멈춘 것 같았지만, 아무것도 멈추지 않았다. 눈물

마저 당당하게 흘려서는 안 될 분위기였다. 그 눈물은 담장 너머에서 꼭꼭 숨어 흘려버리고 돌아와야 했다. 시간은 어떤 사정도 봐주지 않았다. 드라마 주인공처럼 밝고 씩씩한 아이가 되어야 했다. 울지 않는 아이로, 소리 없이 마음을 삼키는 아이로, 동생이지만 누나처럼 보이는 아이로 커야만 했다. 다 잊은 것처럼 살다 보면 잊힐 것 같았다. 주변에선 나를 엄마 없는 불쌍한 아이로 보는 것만 같았다.

"따르릉~ 따르릉"

모르는 번호지만 너무 익숙했다. 누군지 알 것 같은 벨 소리가 울려 퍼졌다. 신발도 못 신고 맨발로 최대한 집에서 멀리 뛰어가 떨리는 손으로 통화 버튼을 눌렀다.

"여보세요."

저 너머에서 울려 퍼진 목소리… 너무나도 듣고 싶었던 그 목소리였다.

"…"

하지만 아무 말도 못 했다. 하고 싶은 말은 많았지만 할 수 없었다. (언제 집에 올 거야? 보고 싶어. 빨리 와.) 목에 걸려 입으로 절대로 나오지 않는 말들이었다.

"잘 지내니깐 걱정 말고 울지 말고 잘 지내고 있어, 다시 연락할게."

짧지만 길게 느껴진 첫 통화가 끝났다. 그것만으로도 다시 마음에 평화가 찾아왔다.

훗날 엄마는 그땐 그렇게 하지 않으면 죽을 것 같았다고 말씀하셨다. 농약병도 앞에 두고 고민했지만, 눈앞에 많이 안아보지도 못한 아들과 자기만 바라보는 어린 딸이 아른거리고 걱정되어 그런 선택을 하셨다고 했다.

그런 일을 겪고서 절대 엄마처럼 살지 않겠다, 아빠 같은 사람 만나지 않겠다고 다짐하며 살았다. '딸 팔자는 엄마 닮는다'라는 옛말이 있어 더 그렇게 살지 않을 거라 생각했다.

결혼 후 임신을 하고 아이 성별이 나오기까지, 알지도 못하는 시커먼 초음파와 인터넷에 떠돌아다니는 아이 성별 구별법을 찾기 시작했다. 성별은 상관없다고 했지만, 내심 나처럼 차별받고 살까 봐 걱정이 앞섰다. 성별이 딸이라고 나온 뒤에도 반전을 기다렸지만, 그런 건 없었다. 첫딸은 살림 밑천이라고 하니 괜찮다고 다들 말씀하셨다. 둘째는 더 고민이었다. 시댁에서는 아무도 뭐라 하지 않는데 오히려 엄마와 친정 식구들이 아들을 낳아야 한다고 재촉했다. 둘째도 역시 딸이었다. 이번엔 다들 셋째를 추진하라고 한다. 할머니 눈은 위아래로 살찐 날 보고 "배에 들었나 안 들었나?" 물어보시더니 이렇게 말했다.

"자- 병신이가? 아니면 저 집안 대를 끊을기가?"

그 말을 들은 나와 남편은 한바탕 웃었지만 재밌어서 웃은 건 아니었다. 둘도 이렇게 힘든데 셋은 얼마나 힘들까. 아직도 농담으로 셋째 이야기를 하지만 아들이 아닐까 봐 더 이상 낳고 싶은 마음이 없다. 여기서 아들이 태어난다고 하면 우리 아이들이 차별을 받고 클 것 같아 내심 무서운 마음이 든다. 아이들에겐 이런 일이 절대 없도록 만들어주고 싶다.

*

"화장실은 다녀왔어? 양말은 신었어?"

화내지 말고 착한 엄마로 웃으면서 보내자고 다짐하고 또 다짐한다. 그러나 일각도 안 돼서 "빨리 양치 안 해?" 하고 오히려 더 큰 소리가 난다. 다짐하지 말 걸, 또 후회하고 마음이 찡해지는 시간이다. 그럴 때면 둘째는 청소 밀대를 들고 눈치를 보며 "엄마 나 청소해~"라거나 빨래를 건조기에 넣으며 "나 빨래해~"라고 애교를 피워 웃음을 자아낸다. 첫째는 그걸 보며 네 살밖에 안 된 동생을 따라 한다. 매일 그 모습을 보면서 웃기보다 소리를 버럭 지르게 된다. 애정을 갈구하고 있는데 왜 언성이 높아지고 하지 말라는 말밖에 안 나오는지 오늘도 곰곰이 생각하게 된다.

첫째는 엄마에 대해 더 알고 싶어 한다. 가끔 "엄마! 엄마는 꿈이 뭐야?"라고 묻는다. 그 말을 들으면 어디선가 큰 돌덩이가 마음으로 날아오는 것 같다. "너희들이 예쁘게 자라는 거지"라고 무심한 듯 답한다. 어느 날은 아이들이 "엄마, 나 오늘도 꿈이 바뀌었어!"라고 말하면 "너무 좋은 꿈이다. 꿈이 많은 건 좋은 거야"라고 다시 말해준다. 꿈을 잊어버린 채 살아왔기에 다시 나의 시간을 돌아보게 된다.

천내리 도시재생현장지원센터에서 시작한 제로웨이스트 강사 과정 덕분에 요즘 새로운 꿈을 꾼다. 잠시 꾸었던 선생님이라는 꿈. 센터에서는 모두가 선생님이 된다.

"선생님, 너무 잘 가르쳐 주신다."

"선생님 너무 친절해요."

이런 말을 들으면 다시 또 힘이 된다. 집에선 마녀가 되는데 센터에선 천사가 된다. 아이들도 "엄마가 선생님이야?" 하며 집에서 비누 만들기를 도전할 때는 날 선생님이라고 부른다. 엄마가 아닌 선생님은 언제나 친절해서인지 연신 선생님 놀이를 즐긴다. 아이들에게도 짧지만, 행복한 시간이다.

오늘도 마음을 굳게 먹고 절대 화내지 말고 상냥한 선생님처럼 친절하게 말하기를 다짐하면서….

"어서 신발 신어~~ 제발! 지각하겠다."

현관문 미션은 매일 진행 중이다.

대구, 그 기묘한

박서현

H.O.T.를 좋아하던 열혈 소녀는 어느새 40대 아줌마가 되었다.
이제 나의 최애는 아이들이 되었고, 함께 케이팝을 들으며 매일 즐겁게 산다.

○
○

32년간 서울에서 살았다. 사귀던 남자는 대구가 고향이라고 했다. 한번은 그가 친구를 만나러 대구에 간다고 했을 때, 무심코 이렇게 말했다.

"그래, 고향 잘 다녀와."

그 시절, 서울을 벗어나 가본 곳은 강원도 속초나 서해안 바닷가 정도가 전부였다. 대구도 그곳들과 비슷할 거라고 막연히 짐작했다. 머릿속에서는 시골 풍경이 떠올랐다. 시골이라 여겼던 그의 고향을 처음 마주한 그날, 내 모든 예상과 편견은 깨어졌다.

주차를 하고 카페 안에 들어섰을 때, 마법에 걸린 듯 착각에 빠졌다. 눈에 들어오는 풍경은 익숙했다. 평범한 카페였다. 커피를 주문하기 위해 줄을 선 남자, 이야기를 나누는 커플, 통화 중인 여자까지. 하지만 한 가지가 달랐다. 그들이 사용하는 말. 다수의 사람들이 사투리로 대화를 나누고 있는 장면은 마치 영화의 한 장면 같았다. 현실과 비현실이 겹쳐지는 묘한 기분. 해외여행에서 느끼는 이질감과는 또 다른 감각이었다. 그들이 사용하는 언어는 분명 달랐는데, 알아들을 수 있다는 사실이 신기하게 다가왔다. 생소하면서도 신선했던 그날의 특별한 경험은 마치 단편 영화처럼 선명히 남아 있다.

결혼 후, 우리는 마트를 운영했다. 손님을 응대하면서 예상치 못한 상황을 마주하는 일이 종종 있었다. 어느 날, 할머니 한 분이 다가와 물으셨다.

"국수 낮게 들은 거 좀 찾아봐라."

무슨 뜻인지 알아듣지 못해 다시 여쭸지만, 돌아오는 대답은 똑같았다. 머릿속이 복잡해졌다. 식사 중인 직원분들의 휴식을 방해하고 싶지 않아 스스로 결론을 내리기로 했다.

'국수의 낮음이라면, 높고 낮음의 의미인가?'

국수 진열 코너로 가서 잠시 망설이다가, 가장 적게 들어 있는 제품을 가져다드렸다. 하지만 할머니의 표정은 시큰둥했다. 아무 말 없이 나를 힐끗 보시더니, 직접 국수 코너로 가서 3kg짜리 대용량 국수를 들고 계산대로 오셨다. 점심시간이 끝난 뒤, 직원분께 이 일을 이야기했다. 그분은 기가 찬 듯 웃으며 날 바라보더니, 할머니의 말을 알아듣지 못했다는 걸 오히려 신기해했다. 그동안 사투리는 단순히 억양이나 말끝의 차이일 뿐이라고 생각했다. 이날의 경험으로 그것은 단순한 차이를 넘어 그들만의 특별한 언어라는 사실을 깨달았다.

대구 어르신들의 말은 수능 듣기 평가보다 더 어려운 문제 같았다. 한 문장을 겨우 이해하는 순간, 이미 다음 문장까지 끝나 있었다. 심지어 말을 천천히 해주셔도, 그들만의 독특한 언어 때문에 절반은 알아듣지 못했다. 할 수 있는 건, 앞뒤 맥락을 추리하며 의미를 짐작하는 것뿐이었다. 그건 마치 단서를 따라 미로를 헤매는 기분이었다.

남편의 외할머니, 그분의 첫인상은 위압적이었다. 큰 키와 나를 꿰뚫어 보는 듯한 반짝이는 눈빛은 쉽게 다가서기 어려운 분위기를 풍겼다. 처음 만난 손자며느리에게 전하고 싶은 이야기가 많으셨던지, 말씀 속도가 다른 어르신들과 비교도 되지 않을 만큼 빨랐다. 그 이야기는 단순한 옛날이야기가 아니었다. 손자와의 소중한 추억을 나와도 나누고 싶어 하셨다.

할머니께서 말씀을 마치시면 나는 자연스레 남편을 바라보았다. 그는 곧바로 할머니의 이야기를 해석해 주었다. 할머니의 이야기를 깊이 이해하고 싶어졌다. 그냥 흘려듣기엔 너무 재미있고 따뜻한 이야기들이었다.

"이건 꼭 들어야 해."

할머니는 말 대신 손길로 나를 붙잡았다. 자리에서 일어나려던 내 팔을 잡아당기며, 앉으라는 눈빛으로 말을 대신하셨다.

"아고, 그라믄 한 여름날에 농삿일 하고 와가 목이 바짝바짝 타들어 가삐가, 언능 냉장고를 열었더니 어젯밤에 참 맛나게 끓여놓은 보리차가 깜쪽같이 없는 기라. 암만 찾아도 없는 기라. 와그라고 한 방울도 안 남아 있는지. 이게 뭐꼬! 싶어서 누-가 가져갔노? 하믄서 씩씩대고 찾는데 마당이 떠들썩한 기라. 마당 한꾸석탱이에 아-들(애들) 웃음소리가, 떠드는 소리가, 난리통인기라. 거 뭐 한 손에 대접 들고 마시고 있는 기라. 아고, 내 그리 찾던 그 보리차가 거 다 있대. 흙투성이가 된 자가(재가=손자가) 온 동네방네 친구 아들 데고 와가 마캉(모두) 한 사발씩 꿀떡꿀떡 마신 기라. 그래도 내 뭐라카겠노. 대장질하면서 환하게 웃는 아를 보이, 나무랄 수가 없드라. 내 목이고 뭐고 다 이자뿌고(잊어버리고) 그냥 웃음이 나대."

"또 한 날은, 손자가 하루 죙일 신나게 인라인 타고는 버스에 올라탔데이. 버스 안이 딱 적당히 시끄럽고 덜컹덜컹한 게, 그게 아가 잠들기에는 찰떡이데. 그리 신나게 놀았으니 금세 골아떨어져삐겠제. 근데 말이다, 그 잘 안고 있던 인라인 신발을 툭 떨어뜨리더니 눈을 번뜩 떠서는 얼른 몸만 후다닥 내렸데이! 내가 그거 보고 얼마나 웃었는지 모르제. 참, 그때는 막 뭐라카고 싶어도 얼굴 보고는 말이 안 나오는 기라."

할머니는 30년이란 세월이 무색하게 손자와의 추억을 어제 일인 듯 이야기하셨다.

*

그렇다면 남편의 사투리는? 남편도 대구 사람이었는데, 연애할 때 어떻게 그의 말을 불편 없이 알아들었을까? 남편도 사투리를 썼다. 하지만 그는 자신이 사투리를 쓰지 않는다고 믿었다. 왜 그렇게 생각했는지 물어보니, 그는 자신의 억양을 사투리로 인식하지 못하는 듯했다. 그들만의 독특한 표현이나 언어를 사용하지 않았기 때문에 그렇게 느낀 것 같았다. 지금 와서 돌이켜보면, 그의 입장을 이해할 수 있다. 학교를 다니고 취업을 하면서 그의 말투는 자연스럽게 순화되어 있었다.

대구에 정착하면서 남편은 나를 만나기 전 모습으로 돌아갔다. 강한 억양과 거친 말투, 과연 내가 알던 그 사람이 맞는 걸까 싶을 정도였다. 같은 문장이라도 전해지는 느낌은 확연히 달랐다. 식사 시간에 "밥 뭇나? 모 물래?" 하던 귀여운 그의 말투는 미간에 주름이 잡히고 한숨이 섞이며 "밥 있나, 반찬이 이게 다가? 됐다, 됐다!" 하고 묘하게 변해갔다. 지금은 내 선택에 후회가 없지만, 그때는 도망치고 싶었다. 믿고 따르며 함께하고 싶었던 그 사람은 추억으로만 남았다. 나 역시 그렇게 사라지고 싶었다. 그때 하늘이 내 계획을 눈치챘던 걸까? 그 시기에 임신을 하게 되었다.

하루는 유치원에 다녀온 아이가 친구를 초대하고 싶다고 했다. 며칠 후 딸아이 친구가 엄마와 함께 집에 왔다. 인사를 하고 대화를 이어가던 중 아이 친구 엄마에게 질문을 받았다.

"다.른.지.역.에.서.오.셨.죠?"

이곳에서 처음 만나는 사람들에게 항상 받는 질문이라 익숙하게 자기소개를 했다. 그 후 그녀는 궁금했던 점을 나열하기 시작했다. "대구에는 왜 오셨어요? 아이 학교는 여기서 보내실 건가요? 서울로 이사 갈 생각이 있으세요?"까지 말을 이어가다가, 갑자기 질문했다. "혹시 지금 저 사투리 쓰고 있나요?"

난감했다. 내가 생각해 본 적 없는 것들에 대해서 물으니 말이다. 마지막 물음에서 알 수 있었다. 말투가 독특하다고 생각했는데 사투리를 사용하지 않으려고 천천히 말하고 있었던 거였다. 확실히 억양은 절제되어 있었다. 그녀가 이곳만의 언어를 사용했다는 점은 인식하지 못하는 듯했다. 식사 후 과일을 준비하며 말했다.

"사과가 새콤달콤해서 맛있어요. 한입 드셔보세요."

친구 엄마는 사과를 한입 베어물며 웃으며 답했다.

"달기만 한 것보다 새그러운 게 더 맛있는 것 같아요."

'쌔그럽다'에서 된발음을 빼면 표준어라고 생각하는 듯했다. 나는 말했다.

"'새그랍다'도 사투리예요."

그녀는 얼굴이 빨개지며 깜짝 놀라 물었다.

"'새그러운' 건 표준어로 뭐라고 하나요? 이런 사투리들이 또 뭐가 있을까요?"

그 순간, 몇 년간 여러 사람과 나눴던 대화들이 머릿속에서 알고리즘처럼 차곡차곡 엮여 떠올랐다. '디다, 재래기, ~했지 싶은데' 등 들었을 때 생경했던 표현들을 이야기했다. '닿다'를 '데였다'라고 말하는데 화상이라고 오해했던 일들, 또 생각나면 연락달라고 당부하던 그녀의 얼굴을 잊을 수 없다. 새로운 걸 알게 된 10대 소녀 같았기 때문이다. 내 연락을 기다리는 그 소녀에게 도움이 되고 싶었다.

*

"'어제아래'가 그저께면, '모레'는 '내일위'겠네?"

남편에게 물었다.

"내일위 그런 말은 없다."

조금 더 대화하며 그의 언어를 염탐하고 싶었다. 평소와 다르게 질문을 너무 많이 했던 탓일까? 슬금슬금 발걸음을 옮기던 그는 색다른 그 무엇을 내놓지 못한 채 방문을 닫았다.

아이들이 말을 배우기 시작할 무렵, 시부모님께서는 아이가 엄마와 더 많이 대화하기를 바라셨다. 나는 필요한 말만 간결하게 하던 편이라, 아이와 둘이 있을 때는 거의 말을 하지 않았다. 반면, 남편은 아이와 끊임없이 대화를 이어갔다. 그 덕분에 아이는 귀여운 억양이 잘 어울리는 깜찍한 딸로 자랐다. 젤리를 반으로 자르더니 "반틈은 지금 먹고, 반틈은 내일 먹어야지" 콧노래를 부르며 젤리를 펄럭이던 모습을 잊을 수 없다. 웃을 때 반달이 되는 눈만 아빠를 닮은 것이 아니었다. 아이들이 쓰는 귀여운 사투리를 듣자, 나도 문득 아이들과 사투리로 섞이고 싶어졌다.

"얘들아, 엄마가 하는 말 한번 봐 줘."

아이들이 재미난 볼거리를 찾은 것마냥 눈이 초롱초롱 빛났다.

"니들 모하고 있었노. 손 씻웃나?"

쑥스러운 내 표정이 웃겼을까? 둘이 동시에 뒤로 몸을 젖히며 깔깔댔다.

"와 그라노? 내 웃기나?"

"엄마 내 따라 해봐래이."

아이들이 사투리 선생님이 되어주었다. 남편은 작은

눈을 더 얇게 만들더니, "북한에서 왔나, 그거 아이다." 그가 하는 말을 그대로 따라해 보아도 아니란다.

특징을 알아내려 노력하던 중 아이와 놀이터에 갔다. 둘째가 우리가 연습했던 우스꽝스러운 사투리로 친구에게 말했다.

"자신 있나!"

"내도 자신 있지!"

친구도 과장된 억양으로 대답했다. 그 모습을 본 아이 엄마의 입가가 파르르 떨렸다. "갑자기 왜 사투리를 쓰고 그래!" 원래부터 쓰던 그들의 말을 과장하였을 뿐이었다. 평소 자신의 아이가 욕을 하고 소리를 질러도 가만히 앉아 방관하던 그녀는 과한 억양에 감정 버튼이 눌린 듯했다.

대구에 와서 결혼을 하고 첫째 아이가 열 살이 될 정도로 세월이 지나갔다. 남편은 누군가를 만났을 때나 본인이 말을 한 뒤 이따금씩 해석을 자처한다. 이곳에서 보낸 시간이 그를 대신해 주었고 이제 거의 모든 말을 알아들을 수 있게 되었다. 과거의 내가 지금의 나에게 질문을 한 적이 있다.

"10년 후면 나도 사투리를 쓰면서 살게 될까?"

대답을 하는 대신 질문을 해야 할 것 같다.

"10년이 더 지나도 이곳에 머물 수 있을까?"

매년 네다섯 번은 서울에 간다. 3년 전 엄마는 혼자가 되셨다. 아빠가 계실 땐 한두 번 가던 그곳을 자꾸만 가고 싶다. 냉장고도 열어보고, 세탁기도 돌려 보고, 갈 때마다 집안 곳곳을 살펴본다. 엄마는 본인의 터전을 옮길 생각이 아직은 없다. 나 또한 엄마의 일과 친구들을 대신 할 수 없음을 알기에 그 생각에 동의했다.

불현듯 아이들이 떠올랐다. 평생 내 곁에 있을 것 같지만, 언젠가는 분명 내 품을 떠날 것이다. 학교나 직장을 생각하면, 높은 확률로 서울로 가게 될 것이다. 결혼 전의 내가 대구에 올 것이라고는 상상하지 못했던 것처럼, 앞으로 10년 뒤의 삶도 뜻밖의 무언가로 바뀌어 있을 것이다.

"다가올 그날을 천천히, 쪼매씩 만들어 볼께예~."

쌍끌이로 산다는 것

탁지혜

가정과 아이들 곁에서 잠시 멈춰 있었지만, 멈춘 만큼 더 단단해졌다.
이제는 손으로 삶을 빚고, 나눔으로 일상을 다시 꽃피우려 한다.

○
○

50일이 지난 아이를 친정에 맡기고 돌아오던 날, 제때 물리지 못해 퉁퉁 부은 젖몸살이 복직이 내일임을 새삼 깨닫게 해주었다.

먼지가 쌓일까 하루에도 몇 번이고 돌렸던 청소기를 오늘은 잠시 멈춰도 될 것 같았고, 작디작은 아이 옷과 손수건도 더는 삶고, 헹구고, 널지 않아도 되는 하루였다. 모유 수유와 젖병 수유를 병행하느라 늘 싱크대 위에 놓여 있던 젖병도 오늘은 자리를 비웠다. 항상 바쁘게 돌아가던 벽시계도 느릿느릿 흘러가는 것만 같았다.

해야 할 일의 목록이 머릿속에서 사라진 채로 깊은 숨을 내쉴 수 있는 여유로운 하루였다. 편안함 속에 번져

오는 이 고요함은 오래 잊고 지냈던 자유처럼 낯설지만 반가웠다. 핑계일지도 모르지만, 아직 서투른 초보 엄마보다 경험이 있는 할머니 곁이 아이에게는 더 안정적일 수 있겠다는 생각이 들었다. 스스로를 위로하기 위한 생각이었지만, 그때의 나에겐 그 시간이 너무나 필요했다.

자주 가면 한 달에 세 번, 아니면 격주로 친정에 들러 아이의 성장 과정을 지켜보곤 했다. '지켜봤다'는 단어가 이상하게 들릴 수 있다. 핑계를 대보자면 평일엔 회사에 치이고, 주말엔 피로에 지쳐 친정에 가서도 아이를 돌보기보다 뻗어 잠들기 바빴다. 하루가 다르게 쑥쑥 자라는 아이를 친정 엄마가 세심하게 돌봐주셨고, 그저 아이의 모습을 눈에 담아두기만 했다.

아이를 보러 가는 길은 학교 다닐 때 기다렸던 소풍보다 더 기다려졌던 것 같다. 친정 현관문을 열고 들어가면 내가 좋아하는 모든 것이 완벽하게 준비되어 있었다. 늘 마음에만 담아두었던 음식들도 한상 가득 차려져 있었다. 노릇하게 구운 생선 한 접시, 푹 고아 부드러워진 양지를 쫙쫙 찢어 넣고 아빠가 직접 산에서 채취해 온 오동통한 고사리와 대파를 잔뜩 넣어 끓여낸 얼큰한 육개장이 김을 내뿜고 있었다. 갓 지은 밥까지 함께 차려

진 한 상을 보면 눈시울이 뜨거워졌다. 따뜻한 밥상 앞에 앉아 한 숟가락, 두 숟가락 떠먹으니 배가 부르기 시작했다. 밀린 잠이 몰려왔다. 일주일을 꼬박 기다려 만난 작고 소중한 아기가 무럭무럭 크는 모습이 감격스러웠지만, 친정에 가면 아이의 엄마가 아닌 엄마의 딸로 시간을 보내다 왔다.

  내가 해내지 못하는 일들을 묵묵히 감당해 주시는 엄마의 손길이 얼마나 고마운지, 그 마음을 어떻게 표현해야 할지 몰랐다. 아이를 맡기고 편히 쉬어가라는 엄마의 말씀 뒤에는 당신의 피로와 아픔이 숨어 있다는 걸 알면서도, 나는 그저 받기만 하는 딸이었다.

*

막 낯가림이 시작되던, 아이가 여섯 달쯤 되었을 때 일이다. 낯선 택배 기사 아저씨를 보아도 눈을 맞추며 윙크까지 날려주는 애교 많은 아이라 '사회성 하나는 제대로 타고났구나' 싶었다.

  뜻밖에도 남편 앞에서는 달랐다. 잘 먹고 잘 놀다가도 남편이 시야에 들어오면 빤히 바라보다 이내 미간을 찌푸렸다. 타협하지 않겠다는 듯 두 눈을 꼭 감은 채, 한쪽

씩 실눈만 살짝 뜨더니 눈물 한 방울 없는 가짜 울음을 터뜨렸다. 손녀만 바라보는 친정 아빠는 뻔하게 발연기를 선보이는 손녀의 행동에 푹 빠져서 "사위는 안방 출입 금지다!" 하고 선포했다. 피는 물보다 진하다 했는데 그것도 틀린 말인가 보다. 딸아이의 얄밉도록 능청스러운 연기에 밀려, 남편은 안방에 발도 들이지 못했다. 문 뒤에 몸을 숨기고 "소율아… 소율아…" 모기가 왱왱거리듯 작은 소리로 이름만 부르며, 포기하지 않고 매달렸다. 아빠라는 걸 인정받고 싶었던, 간절했던 그의 목소리가 시간이 지나도 잊히지 않는다.

첫돌이 되었을 때, 아이를 안으려고 하면 아이는 내 몸에 붙지 않으려고 힘을 겨루듯 바둥바둥거렸다. 그 작은 몸짓은 마치, 자신을 밀어낸 사람에게 건네는 조용한 시위처럼 느껴졌다.

아이가 15개월이 되던 달, 무릎관절이 좋지 않아서 수술을 앞둔 엄마가 더 이상 아이를 봐줄 수 없게 되었다. 아이와 우리 부부, 세 사람은 합가 준비를 했다. 한 달 정도 아이가 적응할 기간을 가졌고, 아파트 단지에 있던 어린이집 등록도 마쳤다. 그다지 친하지 않은 우리 세 사람의 본격적인 동거가 시작되었다.

다시 시작된 육아와 늘어난 살림의 무게가 부담으로 다가왔다. 아침이면 시간에 쫓기듯 남편과 아이를 위해 밥상을 차렸다. 아이가 오후에 먹을 간식부터 식판, 물통, 수저까지, 하나라도 빠트릴까 봐 불안했다. 혹시나 내가 챙기지 못한 것 때문에 아이가 불편할까 봐 미안한 마음이 앞섰다.

 샛노란 병아리 두 마리가 유치원 모자를 쓰고 있는 귀여운 수첩에 구구절절 늘 빼곡하게 펜끝을 꼭꼭 눌러 담아 글을 썼다. 첫사랑 고백 편지도 이렇게 정성스럽게 쓰진 않았다. 시간에 쫓겨 늘 바쁘다는 핑계로 잘 챙기지 못하는 미안한 마음을 고해성사했다. 종일 어린이집에 있을 아이를 한 번이라도 더 잘 봐달라고 오글거리는 닭살 멘트를 매일매일 일기처럼 적어냈다.

 꼬박꼬박 돌아오는 매일 아침 7시 10분.

 "빨리 먹어, 지각하겠어."

 아이는 잠옷 차림으로 눈도 못 뜬 채 아침을 먹고, 남편은 아이 옆에서 느릿느릿 준비하는데 늘 나만 조급했다. 미션을 수행하듯 얼추 준비를 시켜놓고 집에서 나오면 재촉하고 짜증냈던 것을 후회했다.

 "오늘은 더 일찍 데리러 갈게."

미안하다는 말을 대신해서 아이에게 이렇게 말했지만, 퇴근길 어린이집에 도착하면 늘 우리 아이만 남아 있다. 선생님과 뭔가 이야기를 나누거나 장난감을 정리하고 있는 모습. 나를 보자마자 달려오는 아이의 미소가 아침에 짜증냈던 내 모습을 반성하게 만들었다.

*

"우리 딸, 오늘도 늦어서 미안해."

억척스럽다는 말이 떠올랐다. 이렇게까지 해야 하나 싶었다.

우리를 두고 회사 사람들, 가까운 지인들은 '쌍끌이'라고 했다. 맞벌이라서 돈을 다 쓸어 담겠다며 부러워서 하는 소리라고 하는데, 정작 그 말을 들을 때마다 할 말이 많았다. 하지만 설명하고 싶지도 않았고, 어차피 귀담아 들어주지도 않을 것 같아서 미소만 살짝 보이고 말았다.

아침 일찍 아이를 어린이집에 맡기고 각자의 일터로 향하는 발걸음이 얼마나 바쁜지, 저녁이면 지친 몸을 이끌고 아이를 데리러 가는 마음이 얼마나 무거운지, 주말이면 밀린 빨래와 청소에 쫓기고, 아이와 놀아주고 싶어도 정작 체력은 바닥나 있는 현실을.

  돈을 쓸어 담기는커녕 혼자 벌어서는 안 되니까 둘이 하는 거, 둘 다 일해도 여전히 빠듯한 살림살이를 알기나 할까. 회사에선 칼퇴근을 위해 화장실 갈 틈이 없어 늘 방광염을 고질병으로 달고 살았다. 어둑해진 퇴근길에 서둘러 가도 늘 혼자 있던 아이를 데려오는 일상이 반복됐다.

  "좋은 소리도 한두 번이지. 거 참, 했던 말 또 하고, 또 하고. 내 이마에 쌍끌이라고 써 있나? 남의 속도 모르고 지끼고 앉았네." 속으로 중얼거렸다. 경상도에서 배운 '지낀다'는 말은 불쑥 말하거나 함부로 행동하는 걸 뜻했다. 정말 그랬다. 남의 사정도 모르면서 함부로 입을 놀리는 사람들이 있었다. 그래도 미소지었다. 설명하느라 에너지를 쓰기보다, 우리끼리 열심히 살아가는 게 나았다. 어차피 이런 삶을 살아보지 않은 사람은 모르는 법이니까.

  쉼 없이 노력해서 서둘러도 늘 어둑해진 저녁 퇴근길, 주차를 대충하고 차키만 뽑아든 채 어린이집 문을 황급히 여는데 아이가 나오지 않는다. 걱정스러운 마음에 교실에 들어가 보니 미열이 보인다며 한쪽 이부자리에 누워 있는 아이 모습을 마주했을 때. 잘 정리된 서랍을 누가 통째로 쏟아버린 것처럼 마음이 와르르 무너졌다.

동영상을 되감아 보듯 아침에 있었던 일을 떠올려봤다. 평소보다 일어나는 시간이 늦고, 1분 1초가 바쁜데 밥도 안 먹고 숟가락만 만지작거린다고 다그쳤는데…. 목이 부어서 먹지 못했던 걸까? 하…. 또 놓쳤다. 엄마라는 사람이 애가 아픈 것도 모르고…. 종일 어린이집에서 고생했겠구나.

아이가 아프면 회복만 생각해야 하는데, 머릿속엔 회사에 연차를 내야 한다는 부담이 먼저 떠올랐다. 깊은 한숨을 몰아내쉬고 머리를 굴려본다.

'이번 주 미팅이 몇 개였더라? 열감기는 3일은 쉬어야 하는데. 휴가를 내고 집에서 업무를 보려 해도 소율이가 열 나는데 일할 수 있을까? 어떻게 하지? 진짜 안 되는데! 남편 회사 바쁘댔는데. 하루 빼보라고 해야 하나? 친정 엄마를 또 불러야 하나?'

답이 없는 물음표에 한숨만 가득, 여러가지로 뒤죽박죽이 되어버린 일상이었다.

*

 또 다른 날의 퇴근길, 하필 야근이 필요한 날이면, 이상하리만치 남편도 일찍 퇴근하지 못할 일이 생겼다. 불똥처럼 튀는 일정들이 겹칠 때면 가슴이 철렁 내려앉았다. 꼭 극본을 짜놓은 것처럼 우리의 가장 바쁜 날은 신기하게도 늘 겹쳤다. 한 사람이 분주할 때, 다른 한 사람은 조금 여유롭길 바랐지만 우리의 스케줄은 마치 톱니바퀴가 아니라 서로 부딪히는 날카로운 모서리처럼 충돌하기 일쑤였다.

 퇴근하고 아이를 픽업해 오는 저녁 6시 30분은 계획적인 삶에 익숙했던 나에게 늘 준비되지 않은 초대장 같았다. 집에 돌아오면 아이는 이미 지쳐 있었고, 나도 남편도 말없이 빠르게 집안일과 식사 준비를 해냈다. 따뜻한 한 끼보다 빠르게 때우는 식사에 익숙해졌고, 하루를 돌아볼 여유보다는 내일을 준비하는 걱정이 먼저 찾아왔다.

 가끔 생각했다. 우리의 하루는 누구를 위해 이토록 조급했을까. 무언가를 해내고 있다는 안도감 뒤, 무언가를 계속 놓치고 있다는 찜찜함이 따라다녔다.

*

첫째가 열여섯, 둘째가 열네 살이 된 지금. 한때 나의 모든 것을 앗아갔던 쌍끌이라는 이름. 아침부터 밤까지 두 아이를 돌보며 하루하루를 버텨내던 그 시절의 흔적들이 이제는 추억이 되어 가슴에 자리 잡고 있다.

돌이켜보면 정말 힘든 시절이었다. 밀린 집안일로 잠들지 못하는 밤, 자다 깨는 아이의 징징거리는 울음소리로 가득했던 새벽, 끝없이 반복되는 일상 속에서 나 자신을 잃어가는 듯한 막막함. 그 모든 것들이 어제 일인 양 선명하다. 하지만 그때의 쌍끌이가 지금 우리 가족의 든든한 경제적 기반이 되어주었다는 걸, 이제야 안다.

가끔 계산기를 두드려본다. 만약 그때 계속 직장을 다녔다면, 만약 그 시간들을 일터에서 보냈다면 벌었을 월급을. 숫자로 환산된 금액을 보면 후회가 밀려온다. 아니, 후회라기보다 아쉬움이라고 해야 할까. 그 많은 돈을 포기하고 내가 선택한 것이 과연 옳았을까 하는 의문이 고개를 든다.

하지만 그 생각도 잠시뿐이다. 아이들과 눈을 마주치는 순간, 함께 웃고 울며 쌓아온 소중한 시간들이 결코 헛되지 않았음을 안다. 정서적인 안정감이라는 이름으로, 사랑이라는 이름으로 함께 걸어온 길이 얼마나 값진 것인지를.

아이 키운다고 포기했던 일이었다. 꿈도, 야망도, 때로는 나 자신도 뒤로 미루며 오직 아이들만을 바라보며 살았던 시간들. 이제 그 아이들이 나를 지지해 주는 가장 든든한 응원군이 되었다.

"엄마, 꼭 해봐. 잘할 것 같은데!"

이렇게 말해주는 그들의 목소리가 세상 어떤 것보다 지금, 큰 힘이 된다.

엄마처럼

하금희

주어진 일을 피하지 않고 성실히 해냈지만 이룬 게 어디에 있는지 궁금하다.
배우고 실천하는 삶을 살아내고 낮은 자리에서 함께하며 같이 행복을 가꾸어 가길 위해 애쓰는 개미이길 원한다.

○
○

"엄마, 된장찌개 먹고 싶은데 어떻게 만들어?"

주말엔 집에서 밥을 해먹고 싶은지 딸에게서 전화가 온다.

"힘들 텐데 그냥 사 먹지."

"먹기 싫은 게 너무 많이 들어 있어서 싫어."

딸이 자취를 시작했다. 편식이 심해 야채를 안 먹는 딸은, 배달 음식에 야채가 많아 직접 해먹는 걸 더 선호한다. 귀찮음을 견디고 음식에 도전장을 내민다.

"어렵지 않아?"

"된장찌개가 별거니? 다시 물 끓여서 먹고 싶은 것 넣고 된장 넣으면 된장찌개야."

"아~ 간단하네. 김치찌개도 알려줘."

"돼지고기 좋아하니까 먹기 좋은 크기로 잘린 거 사와. 볶다가 김치 넣고 볶아서 물 부어 다시 가루 넣고 끓이면 되지. 그래도 야채가 좀 들어가면 맛이 더 좋으니까 작게 다져서 넣어. 괜찮을 거야."

이렇게 하나둘 배워가며 만들더니 이젠 친구들과 메뉴 공유도 한다. 어쩌다 집에 올 때면 미리 먹고 싶은 음식을 말한다.

"이번에는 막창, 김밥, 샤브샤브, 숯불에 구운 고기."

"그래, 준비할게. 먹고 싶은 게 더 생기면 말하고."

같이 살 땐 먹을 걸 챙겨줘도 귀찮은 일인 양 짜증만 부리던 애가 이젠 기분 좋게 먹고 "같이 잘까?" 하며 안겨 온다. 먼 타지 생활이 외로웠나 안쓰러운 맘에 이것저것 챙기느라 바쁘다. 돌아보면 나도 처음부터 이렇게 요리를 잘 알진 못했다.

결혼하기 전까지는 직장 생활만 하느라 할 수 있는 음식이 거의 없었다. 동서들의 "친정에서 뭐 해먹었노, 한번 해봐라"라는 말에 "일만 하다 와서 못 해요. 안 해봤어요"라고 말했다. 왠지 모를 자존심에 혼잣말을 했다. "두고 보자 언젠가는…." 시댁에서 된장찌개 하는 걸 보고 집으로 돌아와 연습해 보고 돌아가서 "이젠 할 수 있어요"라고 말했다. 이제와 돌아보니 철이 없었다.

식구들이 많이 모이면 요리를 잘하는 동서들은 음식을 만들고 난 뒤에서 양파를 다듬으며 많이 울었다. 파나 양파를 전담으로 썰다보니 칼질 연습은 많이 했다. 동서들은 그마저도 기다리지 못하고 답답해하며 빼앗아 가기도 했지만. 요리 수업도 다니고 잡지에서 요리를 보고 스크랩도 해와서 배웠다. 이젠 빵도 떡도 만들어 생일에 선물할 수 있게 되었다. 아들은 한 번씩 유튜브에서 요리 영상을 보고, 해보고 싶은 음식이 있으면 함께 해 먹자고 한다. 어려운 요리를 보면 들고 와서 "이건, (나는 못하겠는데) 엄마는 할 수 있을 것 같다"며 숙제를 주고 가기도 한다. 그럴 땐 어쩐지 인정해 주는 것만 같다.

*

남편의 형제는 6남매로, 시댁에 가족이 모이면 스무 명이 넘는다. 손님이 온다고 하면 방마다 손님으로 가득 찰 때도 있었다. 어떤 날은 마당까지 자리를 펼쳐도 모자라서, 돌아가면서 식사를 해야 했다. 마을잔치도 아닌데 이럴 일인가? 도망가고 싶어도 갈 곳이 없어서 그냥 버텼다.

집에 돌아오면 몸살이 나서 일주일을 드러누웠다. 그러다 회복되면 또다시 시댁에 갔다. 다 가까이 사는 탓이다. 시댁 근처에 사는 우리는 늘 호출을 당했다. 남편이 이틀이라도 안 보이면 시어머니는 뭔 일 있냐고 연락을 해댔다.

남편은 우리집이 아닌 시어머니댁으로 퇴근했다. 시어머니 말동무도 해드리고 한숨 돌리다 보면 밥 먹고 가라고 붙드셨다. 내게 연락도 없이 남편은 본가에서 밥을 먹고 왔다. 시어머니를 모시고 사는 동서에게 미안한 마음에, 자주 찾아뵐 수밖에 없었다. 시간이 흐르니 차츰 적응이 되었다. 이제는 모두 모여 감이 영그는 모습을 보며 추억 한 순가락, 밥상 차려두고 옛이야기 한 순가락 나누다 보면 다들 안 먹어도 배부르다며 한바탕 웃음꽃을 피우곤 한다. 헤어질 때면 아쉬워하며 다음 약속을 잡는다. 가족 모임은 힘들지만 아쉽고 재밌는 시간이 되어 편하게 즐길 여유가 생겼다. 어려움이 항상 나쁜 것으로만 끝나지 않으니 얼마나 다행인가?

아이들을 키우는 일 또한 쉽지 않았다. 입이 짧아 편식

하는 조카는 시어머니 옆에서 내 눈치를 보며 야채를 골라내고, 딸은 내 옆에 앉아 거침없이 야채를 골라냈다. 야채를 잘게 다져서 밥에 볶아 주면 어쩔 수 없이 먹긴 했다. 김치전에 소스를 바르고 피자처럼 만들어주면 쭉 늘어나는 치즈에 함성을 지르며 맛있게 먹기도 했다.

 감자를 채칼로 얇게 썰어 소금을 살짝 뿌려 물기를 빼고, 기름을 살짝 두른 팬에서 노릇하게 구워 감자칩으로 구워주기도 했다. 굽는 동안 잘되고 있는지 보러왔다가 한입, 먼저 온 애가 입을 오물거리며 돌아간 모습에 서로 먹겠다며 달려온 애도 한입 먹는다. 쉽게 다가오지 못하지만 먹을 수 있는 게 있는지 눈치만 보며 지켜보는 입 짧은 애도 먹고, 엄마 치맛자락을 붙잡고 봐줄 때까지 기다리는 막내도 맛있게 먹는다. 어쩌다 어른들과 눈이 마주치는 날에는 얼른 접시에 담아서 내가야 할 텐데 접시는 이미 바닥을 드러내고 있다. 구멍 뚫린 접시가 언제 찰 수 있을지 고민하며 재료 손질부터 다시 시작해야 했다.

*

힘든 일은 나누면 반이 된다는데 나에겐 나누어 줄 누군가는 없고 짐을 안겨주는 이들밖에 없다. 밖에서는 둘도 없이 자상하고 어디서나 재미있는 분위기 메이커 남편. 모두의 시선을 끌어 분위기를 만드는 남편은 시어머니 앞에선 재롱둥이 막내아들, 동서가 부탁하는 일은 척척 해주는 자상한 시동생이었다. 그러나 집에만 오면 입에 자물통을 채우고 묻는 말에 단답형으로 답하는 것도 귀찮은지 짜증만 돌아왔다. 시댁에선 나에겐 전혀 관심 없는 듯, 모르는 사람처럼 대하기도 했다. 그럴 땐 속도 상하고 결혼을 무르고 싶은 마음이 굴뚝같았다. 집에서 애들만 키우고 있다고 말하지만 매주 시댁에, 농사일도 거들고, 조카까지 애들 네 명과 놀아주고 씻기고 저녁까지 챙긴다. 하지만 돌아오는 건 "넌 집에 있으니 더 낫잖아"라는 말이다.

"아니. 나도 일 나가고 싶어." 일을 하면 정당한 보수를 받고, 일에 대한 인정을 받으며 쉬라고 편의도 봐주고, 애들 둘만 키워도 힘들다고 우는 소리가 당연했을 텐데. 아무도 들어주지 않았다. 무조건 참아야 하는 시간의 연속들…. 계속 눌러두기만 했던 마음은 언제 터질지 모르는 풍선처럼 아슬아슬했다. 아무도 모르지만, 고장 난 시계 소리처럼 크게 소리를 내고 있다.

날 돌아볼 시간이 필요했다. 다른 이의 인정을 받고 싶어 안간힘을 내어보지만, 자신을 사랑하지 않는 사람은 언제나 흔들리는 갈대와 같다. 다른 이의 눈치를 보지 않고 어떤 일에도 낙심하거나 용기를 잃지 않고 당당히 서고 싶다.

나는 따지기 좋아하고, 틀에 박힌 걸 싫어한다. "꼭 이렇게 해야 하나" 질문하면 "또 따지기 시작이다. 됐다. 그만해" 하는 소리만 돌아왔다. 난 이제 겨우 시작만 했을 뿐인데. 왜 이리 다들 힘들어 하는 걸까. 이런 일이 반복될수록 왠지 하수구에 빠져 어디로 가야할지 길을 잃은 기분이었다.

예전엔 집에서 살림 잘하고 애들 잘 키우고 내조 잘하는 사람이 최고인 듯했지만, 이젠 아무것도 할 줄 몰라 밖으로 못 나가는 못난이로 여겨진다. 애써 왔던 모든 것을 휴지 조각처럼 만들어버리는 시선들은 참기 힘들다.

주어진 일에 누구보다 최선을 다했으며, 나를 포기하며 견디어 왔다. 있는 그대로의 나를 인정받고 싶어 티끌을 모으는 마음으로 애써왔다. 지금 내 모습은 이룬 것도, 해낸 것도 없는 가정주부로만 보일까. 하지만 투

정도 한번 제대로 못 부리고, 하기 싫다고 싸워보지도 못했다. 그저 말없이, 당연한 듯이 해오다 보니 몸도 마음도 지쳐, 하고 싶은 것조차 별로 없게 되었다. 하지만 포기하지 않고, 해야하는 일과 하고 싶은 일 사이에서 고민하며 나를 찾으려 한다.

 이젠 애써 싸우고 싶지 않고 자로 재듯이 따지는 게 싫다. 몸도 마음도 뜻대로 되지 않는 갱년기의 나이가 나를 내려놓을 수 있게 하는 걸까, 아니면 귀찮아진 걸까 싶지만 아직은 미완성 투성이일 뿐이다. 예순이 넘으면 좀 더 나아질까?

*

우리 엄마는 바쁘던 생활 속에서도 미련하고도 억척같이 살아냈다.

 "왜, 왜 꼭 그래야만 해? 좀 내려놓으면 서로가 편하잖아?"

 수없이 외쳤던 말이 이젠 비수처럼 나에게 돌아온다. 난 정말 내려놓을 준비가 되어 있나? 후에 딸이 나를 회상할 때 어떤 모습의 엄마일지 두렵다. 이젠 나를 돌아보고 사랑해 주는 시간으로 채워가며 누군가의 판단이 아닌, 나로 가득차는 생활로, 감사로 채워가는 나날이 되기를 소망해 본다.

  엄마는 시간이 날 때면 "지나온 날을 책으로 쓰면 몇 권은 쓰고도 남는다"라며 하소연을 했다. 그리 잘 산 것도 없는 삶, 이루어 놓은 것 하나 없는 삶이 뭐가 그리도 할 얘기가 많을까 싶은 마음에 괜히 삐죽이며 "책보다 나한테나 잘해 봐" 소리 지르고 나오기 일쑤였는데 내가 이 자리에서 책을 쓴다는 게 쓴웃음이 난다.

  "엄마 덕분에 사 남매가 바르게 자란 것 알아요. 감사해요."

기말고사도 소소한 쪽지 시험도 할 때는 다 힘들다고 느껴진다. 어떠한 상황이라도 그저 지나갈 땐 소나기처럼 쏟아지는 폭우로만 느껴졌던 것 같다. 잘 견디고 잘 지내왔어. 배우는 걸 멈추지 말고, 주어진 일이 힘들어 보여도 쉬운 길만 찾아가는 나태한 사람은 되지 않을 것이다, 우리 엄마가 그랬던 것처럼.

  이젠 품을 떠나 멀리 둥지를 지었지만, 언제나 찾아와 같이 밥 먹어줄 아이들을 기다린다.

모성애가 없는 엄마

김수민

두 아들을 키우며 매일 모성애와 분노 사이에서
줄타기 중.
밖에서는 차분한 공예가, 집에선 '욕쟁이 아줌마'
로 변신하는 프로 이중 생활러.

○
○

출산 예정일을 딱 한 달 남겨두고 휴가를 썼다. 호흡법도 배우고, 마음의 준비도 하고, 초산은 늦게 나오는 경우가 많다니 여유롭게 출산 준비를 할 참이었다. 휴가가 시작되고 일주일째 되던 밤. 갑자기 배가 싸르르, 묘하게 아파온다. 한번도 느껴보지 못한 아픔이었다. 그날 오후, 운동을 하겠다며 경사진 길을 조금 걸었다. 많이 걸으면 아이도 순풍 잘 나온다길래 처음으로 운동한 날인데, 이건 너무나도 순풍이었다. 3주나 빠르게 우리 아드님은 무대 뒤 커튼을 걷고 등장하셨다. 덕분에 난 얼굴로 출산을 했다. 제대로 연습해 보지 못한 호흡법은 도움이 되지 않았고, 온 힘을 얼굴로 몰았다.

남편은 얼굴이 터져서 죽는 게 아닌지, 아이보다 내가 더 걱정이 됐다고 했다.(근데 진통 중일 때 왜 자꾸 머리를 쓰다듬는 거야? 아파 죽겠는데 그 손 치워! 건들지 말고 구석에서 조용히 있으라고요!)

하루를 꼬박 채운 진통 끝에, 실핏줄이 잔뜩 터진 얼굴로 갓 태어난 아이를 안았다.

'어…. 어? 어….'

안고 있기는 했지만 감동은 없었다. 남편은 티비에 나오는 보통의 남자들처럼 눈물을 흘렸지만, 난 눈물은커녕 물컹하고 따뜻한 이 생명체가 낯설었다. 병실로 돌아오고서 남편에게 나지막하게 이야기했다.

"애기… 너무 못생기지 않았어?"

진심이었다. 아무리 생각해도 너무 못생겼다. 9개월 동안 머릿속에서 수도 없이 그려온 우리 아기는, 복숭아빛 피부에 아빠를 닮아 오똑한 코, 앵두처럼 동그랗고 사랑스러운 입술을 가지고 있었다. 하지만 현실은 붉으락푸르락 검붉은 피부에 벌에 쏘인 것 마냥 불룩한 눈두덩이가, 방금 쪄낸 고구마 같았다. 친정 엄마에게도 같은 이야기를 하면서 속으로 생각했다.

'난 아무래도 모성애가 없는 여자인가 봐….'

*

　세월이 흘러, 두 아이의 엄마가 되었다. 아주, 아주 조금 아쉽게도 아들만 둘이다. 그런데 모성애도 사람마다 다른 것 같다. 첫눈에 사랑에 빠지는 엄마가 있는가 하면, 난 천천히 차오르는 사랑이었던 걸까. 남편처럼 아이가 먹다가 뱉은, 침이 잔뜩 묻은 음식을 내 입에 쏙 넣지는 못했다. 하지만, 첫 만남 때의 못생긴 얼굴은 사라지고 말랑하고 매끄러운 피부에 옹알이 하는 목소리, 오물오물 먹는 입만 보고 있어도 너무 행복했다.

　고등어 구이만 있으면 밥 두 그릇은 거뜬히 비우는, 물고기를 너무 좋아하는 아이들을 데리고 아쿠아리움에 갔던 날. 거대한 유리벽 앞에 선 아이들은 숨을 죽인 채 눈을 크게 뜨고 있었다. 끝없이 펼쳐진 푸른 바다 속, 수많은 물고기들이 천천히, 그리고 자유롭게 헤엄치는 모습을 바라보며 작은 눈동자들은 어느새 별처럼 반짝였다. 큰 아이의 입가에는 미소가 번지고 있었다. 형형색색의 물고기들이 춤추듯 유영할 때마다, 아이의 눈빛은 한층 더 빛나고, 마음은 바닷속 깊은 곳까지 흘러 들어가는 듯했다.

　"우와!"

작은 목소리가 새어 나왔다.

"현아, 물고기들 너무 예쁘고 멋있지??"

"어, 엄마! 물고기 엄-청 많아! … 너무 맛있겠다!"

주위의 시선이 아이들과 나에게 번갈아 꽂혔고, 얼굴에서 갑자기 열이 올랐다. 잠깐의 정적이 흐르고, 난 웃음이 터졌다. 이렇게 천진난만하고 순수한 아이들을 어떻게 사랑하지 않을 수 있을까.

어느 날은, 아이 엉덩이에 코를 박고 "응가 했나?" 하며 킁킁거리던 내 모습을 보고, 친정 엄마가 실소를 터뜨렸다.

"야가 왜 이라노. 예전의 김수민이라면 있을 수 없는 일이다."

아가씨 시절, 난 냄새에 유난히 민감한 사람이었다. 퇴근 후 집으로 돌아올 때면, 골목 어귀에서부터 '오늘 우리 집은 김치찌개구나' 하고 저녁 반찬을 맞췄다. 청국장을 끓이는 날이면 온집에 지린내가 난다며 난리를 쳐 댔다. 멸치 냄새를 싫어했던 나는 "다시마 육수만 넣었지~" 했던 된장찌개에서도 단박에 멸치 향을 잡아냈고, 결국 세 마리만 넣었다는 엄마의 자백을 받아냈다. 그랬던 내가 아이들의 똥 냄새를 자연스럽게 받아들이는 사람이 된 것이다.

  코를 찌르는 냄새 앞에서도 미간 하나 찌푸리지 않고 태연하게 기저귀를 가는 진정한 엄마가 된 줄 알았다. 그런데 언제부터인가 순한 얼굴 뒤에 숨겨진 또 다른 내가 스멀스멀 고개를 들었다.

*

따뜻한 햇살이 창문을 넘어 작업대 위에 스며들고, 라탄 거스러미들이 햇빛 속에 춤을 추며 떠도는 곳. 익숙한 나무 냄새와 더불어 커피 향기가 은은하게 퍼진다. "어서 오세요~" 하며 다정한 목소리로 수강생을 반겨주는 나는, 라탄 공방 선생님이다.

  공방 안은 늘 같은 온기를 품고 있다. 한쪽 벽엔 남편의 손을 빌려 붙인, 수줍은 색감의 작은 꽃무늬 벽지가 가지런하게 붙어 있다. 모두가 예쁘다고 칭찬해 주던 빈티지 나무 격자 창문이 있고, 진한 우드 컬러의 헤링본 바닥은 발끝 아래에서 사계절을 묵묵히 버텨온 흔적을 담고 있다.

  손때 묻은 연장들은 주인의 손길을 기다리는 듯 조용히 빛나고, 서로에게 한 주 동안의 안부를 물은 뒤, 조용히 마음을 엮는 시간이 펼쳐진다. 누군가는 이곳에서 자신을 되돌아보고, 또 다른 누군가는 아무 말 없이도 함께 있는 것만으로 위로를 받는다.

"아이 낳고 경단녀가 되니, 우울하더라고요. 저도 선생님처럼 공방을 하고 싶어요…. 할 수 있을까요?"

"그럼요, 이해해요. 저도 그랬는걸요. 틀려도 괜찮아요. 천천히 해봐요, 인내심만 있다면 누구든 잘 만들 수 있어요."

"선생님은 말도 예쁘게 하시고, 너무 여성스러우세요. 공방이랑 잘 어울려요!"

"아, 정말요? 그리 봐주시니 너무 감사해요."

속으론 뜨끔했다. 내가 여성스러운 여자가 맞나? 갈비뼈까지 내려오는 굽슬굽슬한 긴 머리는 자연스럽게 묶였고, 베이지색 린넨 앞치마를 단정하게 차려 입고 있었으니 누가 봐도 그럴 법했다.

아이들을 낳기 전, 남편의 지인 부부를 만난 적이 있다. 우리 부부보다 열 살 정도 많은 부부였고, 중학생 아들이 있었다. 갑자기 아들이 한 달 용돈을 모두 털어 게임팩을 산다고 했던가? 그 순간 언니가 버럭 소리를 질렀다.

"이 새끼가. 말도 안 되는 소리를 하고 있어, 진짜!"

눈이 동그랗게 커졌다. 그날 밤 남편에게 열을 올렸다.

"와…. 어떻게 자식한테 '이 새끼야!'라고 말을 할 수 있지? 엄마 맞나? 그 언니 그렇게 안 봤는데 진짜 충격이다, 충격!"

그때로 돌아간다면 조용히 내 입을 꿰매고 싶다. 밤이고 낮이고 가리지 않고 공룡 흉내를 내며 쿵쿵 발소리를 내고, 어디서 배웠는지 모를 이상한 울음소리까지 곁들이던 아이들. 그 모습을 보며 "역시 건강한 아이들은 이렇게 활동적이지!"라고 스스로를 다독이며, 아이들이 마음껏 뛰어놀 수 있도록 기꺼이 1층으로 이사까지 감행했던 엄마. 그 엄마는 지금, 어떻게 지내고 있을까?

둘째가 초등학교를 막 다니기 시작했을 무렵이었던가 싶다.

"야! 이현, 이준! 그만 싸우라고 얘기했다~!! 이 새끼들은 맨날천날 싸우냐!"

"엄마는 왜 자꾸 우리한테 '이 새끼들아~' 해? 새끼는 욕이잖아? 우리한테 왜 자꾸 욕 해?"

"어…. 엄마가 새끼야 하는 건 욕이 아니고~ 준이는 엄마 새끼 맞지? 그래서 엄마만 그렇게 부를 수 있어. 부모 자식 관계가 아닌데 새끼야! 하는 건 욕이니까 준이는 절대로 하면 안 된다. 알았지? 이리 와, 내 새끼. 다 컸네!"

얼토당토않은 말을 쏟아냈지만, 그 순간 나의 순발력에 감탄했다.

요즘은 가끔 아이들 엉덩이를 제기차기 하듯 툭툭 건드린다. 이 엄마 또 장난치고 싶은가 보네, 아들 둘은 잘 받아준다. 웃으며 도망가거나, 아님 같이 죽자고 덤벼들 거나.

*

휴대폰 게임에 집중하느라 양치하라는 나의 앙칼진 목소리는 흘려듣기 일쑤다. 그래, 그렇단 말이지….

"아악! 아파!"

"응~ 두피 마사지~!"

두 손을 머리 깊숙이 집어 넣고, 구레나룻 쪽을 시작으로 정수리 쪽까지 샅샅이 훑으며 잡아당겨준다. 아프지만 마사지라는데 울지도 못하고, 입술을 삐죽이며 참아내는 모습에 순간 화도 사라진다. 나의 모성애는 조금 거칠게 표현되는 편이다. 공방의 손님들이 이 모습을 안다면? 놀라겠지. 실망할지도 모른다. 조곤조곤 말을 건네고, 언제나 웃음 띤 얼굴로 맞이하는 그 '선생님'이 집에선 욕을 내뱉고, 아이들 엉덩이를 장난삼아 걷어차며, 머리카락을 사정없이 뽑아버리는 사람이라면. 하지만, 발각되지 않는 한, 난 계속 공방에서 친절하고 이야기도 잘 들어주는 조신한 '선생님'으로 살아갈 것이다.

  그 모습 또한, 분명히 '나'니까.

변화를 시작하려는
문 앞에서

김하늬

집순이에 귀차니스트지만, 막상 시작하면 냄비처럼 펄펄 끓는 편이다. 귀찮음과 책임감 사이 어딘가에서 오늘도 균형을 잡으며 살아간다. 지금 끓는 중인지 식는 중인지, 나도 가끔 헷갈린다.

○
○

"엄마는 꿈이 뭐야?"

아이의 물음에 순간 말문이 막혔다. 이 질문을 또 받을 줄이야. 접시에 묻은 물기를 천천히 닦아내며 시간을 끌었다.

"어른은 이미 어른이 되어서 꿈 같은 건 없어…."

그 말을 내뱉는 순간, 속이 텅 비는 기분이 들었다. 그 말은 건조하고, 담백했으며, 아무런 마음도 담겨 있지 않았다. 아이에게 들려준 첫 번째 꿈 이야기가 이렇게도 무성의 하다니. 당혹감으로 파도 치는 눈동자를 아이가 알아차릴까 봐 시선을 접시로 다시 가져갔다. 아이가 묻는 그 맑은 물음 앞에, 나는 회색 먼지가 낀 문장 하나를 던진 셈이었다.

  대답이 만족스럽지 않은지 아이가 다시 물었다.

"그럼, 엄마는 어릴 때 뭐가 되고 싶었어?"

  초등학생 시절, 뭐가 되고 싶어 했더라. 기억을 더듬는데, 뚜렷한 답이 떠오르지 않는다. 대답을 기다리는 작은 눈망울이 날카롭게 비추는 거울처럼 느껴졌다.

"하고 싶은 거 많았지. 과학자, 건축가, 아나운서⋯."

  근사한 직업들을 생각나는 대로 읊었다.

  아이에게 태연한 척 거짓말을 하면서, 사실은 나에게도 진실을 숨기고 있었다. 오래된 먼지 쌓인 기억이라, 입 밖으로 꺼내기조차 부끄럽고 어쩐지 슬퍼지는 마음이었다.

  꿈이란 늘 부담스러운 것이었다. 막연하게나마 '이룰 수 있어야만 말할 수 있는 것'이라 믿었고, 아무도 듣지 않는 곳에서만 꾹꾹 눌러 간직했다. 남들이 듣고 비웃지는 않을까, 보잘 것 없다고 여기지는 않을까 하는 두려움이 마음을 지배했으니까.

*

지금 나는, 경력단절이라는 단어로 포장된 긴 공백기를 살아가고 있다. 돈벌이 없는 주부로 살며, 아이들 옷은 계절마다 아낌없이 사지만 정작 내 옷은 "밖에 나갈 일도 없는데" 하며 사지 않는다. 날 위한 소비는 늘 망설여지고, 어느 순간부터는 필요한 게 있어도 '없어도 된다'는 쪽으로 생각이 기울곤 했다.

종종 '주부'는 '무직'과 같은 카테고리로 묶이곤 했다. 아이를 키우고, 집을 꾸리고, 하루를 완성하는 수많은 일들이 '직업'이 아닌 듯 취급될 때, 사회적으로 어떤 위치인지 자꾸만 애매해졌고, 스스로를 과소평가하게 되는 날들이 늘어갔다.

주부로 살아가기로 한 건 오로지 내 선택이었다. 육아와 살림에 전념하겠다고 마음먹은 것도, 아이가 처음 마주하는 세상의 모든 장면 속에 엄마의 온기가 스며들게 하고 싶다는 나름의 결심이었다. 이 역할을 잘 해내고 있다는 걸 보여줘야 했다. 봐주는 사람은 없었지만, 사실 알고 있었다. 주부로 살아가는 생활이 누군가의 눈엔 '편해' 보일 수 있다는 걸. 정말로 편한 게 아니라는 걸 알면서도 그렇게 오해 받을까 봐, 그 시선을 마주하는 게 싫어서, 이 역할을 잘 해내고 있다는 걸 어딘가에 보여주고 싶었다. 매일같이 최선을 다해 '엄마의 하루'를 채워냈다. 아이가 깨어 있는 동안엔 육아서를 뒤적이며 촉감놀이를 위해 쌀 튀밥, 두부, 국수 등을 대야에 담아 마음껏 만지게 했고, 하루에도 몇 번씩 같은 동화를 반복해 읽어줬다. 좋다는 건 뭐든, 놓치고 싶지 않았다. 아이가 잠든 밤이면 조용한 주방에 불을 켜고 반찬을 만들며 하루의 남은 시간을 보냈다.

남편은 식탁에서 반찬 그릇을 비워놓고 말했다.

"이거 또 없어? 팔아도 되겠어."

아이도 숟가락으로 남은 조각을 긁다가 결국 혓바닥으로 바닥까지 싹 핥으며 말했다.

"엄마, 이거 내일 또, 또, 또 해줘!"

밤새 만든 반찬이 그릇 바닥까지 비워지는 날이면, 신기하게도 그날의 피로가 사라졌다.

*

신혼 초, 점심 무렵 시작한 요리를 겨우 저녁이 되어서야 완성하던 때가 있었다. '적당히'라는 게 감이 안 와 저울과 타이머를 옆에 두고 요리했고, 콩나물 삶을 때도 누구는 뚜껑을 덮으라 하고, 누구는 열어야 한다 해서 두 장단에 맞추다 결국 비린내가 확 퍼진 콩나물을 버려야 했다. 애호박은 너무 얇게 썰어서 젓가락으로 집지도 못할 만큼 흐물흐물해졌고, 두부조림은 간장 양을 못 맞춰 짜게 되어버려서 물을 부어 다시 끓이다가 간도 맛도 어중간해졌다.

칼질 하나도 서툴렀고, 블로그 레시피를 따라 해도 이상하게 맛이 없던 시절이었다. 요리를 마치고 나면 조리대 위엔 흘러 넘친 양념 자국이 남아 있었고, 싱크대엔 그릇과 냄비가 엉켜 산처럼 쌓여 있었다. 그 모든 과정이 그땐 어쩐지 벅차기만 했고, 끝나지 않는 하루하루가 이어졌다. 아무 일도 일어나지 않을 것 같은 시간들이었지만 티 나지 않게 쌓인 일상은 어느새 손에 익고, 몸에 스며들었다.

아이들이 기관에 다니기 시작하자 "여유가 생기겠네"라는 말을 자주 들었다. 사람들은 "시간 많아져서 좋겠다"는 말을 가볍게 건넸지만, 더 조심스러워졌다. 아이들을 보내고 돌아온 집에는 아침 먹은 그릇들이 싱크대에 그대로였고, 치열하게 놀다 내팽개쳐진 장난감들은 거실 바닥에 뒹굴고 있었다. 온몸으로 밥을 먹는 탓에

손빨래가 필요한 옷들이 대야에 담겨 날 기다렸고, 아이들이 돌아오면 쉴 새 없이 곁을 맴돌기 때문에 불을 오래 써야 하는 요리는 미리 해두어야 했다. 비염이 있는 아이가 혹시나 또 콧물을 쏟아낼까 싶어 청소기도 돌려야 했다. 하루가 짧게 느껴질 때가 많았지만, 사람들의 말은 마치 나를 손 놓고 쉬는 사람처럼, 게으른 사람처럼 만들어버리곤 했다.

그 무렵 어떤 엄마는 알바를 시작했고, 어떤 엄마는 이미 복직해 사회 한켠에 다시 자리를 잡고 있었다. 그 모습을 바라보며 내 자리는 어디 있는지, 내가 어떤 사람이었는지는 점점 흐릿해져만 갔다.

*

결혼을 하고 몇 해 동안은 "자리가 있는데 다시 일할 생각 있어요?"라는 질문을 종종 받았다. "올해는 어려울 것 같아요. 아이 좀 더 키워 놓고 나갈게요"라고 대답하곤 했다. 그 말에는 아직 선택지가 남아 있다는 생각이 담겨 있었다. 사회로 나갈 문을 완전히 닫지는 않겠다는 의지였다.

그런데 어느 날, "다시 일 못할 것 같아요"라고 말해버렸다. 그 말이 입 밖으로 나오자, 머릿속에서 하나의 장면이 떠올랐다. 영화 속 주인공이 마지막 희망을 걸고 뛰어들려 했던 차원의 문이 눈앞에서 닫혀버리는 장면, 그 문은 천천히 닫히다가 끝내 닿을 틈도 주지 않고 완전히 닫혀버렸다. 그 순간, 이제 더 이상 그 세계로 돌아갈 수 없다는 것을 알아버린 기분이었다.

어릴 적, 난 엄마가 가게에서 빨리 돌아오길 손꼽아 기다렸다. 11시가 넘어도 자지 않고 버텼다. 짧은 만남이 아쉬워 이야기 하나만 들려 달라 졸라대면 엄마는 늘 백설공주 이야기를 조금씩 바꿔가며 들려주었다. 어린 나는 결말을 듣기도 전에 잠이 들었다. 그런 기억 때문이었을까. 아이 곁에 늘 함께 있고 싶었다.

*

요즘, 아이들이 달라졌다는 걸 자주 느낀다. 이름만 불러도 쪼르르 뛰어오던 작은 발자국 소리는 하루의 피로를 잊게 해주는 보상이었다. 하지만 이제는 서너 번 불러야 겨우 대답하고 목소리가 조금씩 높아지고서야 투덜거리며 방에서 나온다. 한때 맛있는 밥, 좋아하는 영화 한 편, 잠들기 전 함께하는 보드게임만으로도 환하게 웃던 아이가 이젠 "엄마는 내 맘도 몰라줘"라고 한다. 아이들이 자랄 동안 한시도 떨어지지 않았지만 보이지 않는 거리감이 스며 있었다. 서운함과 외로움은 말없이 자리를 잡았고, 그럴수록 나만 어딘가에 조용히 남겨진 듯한 기분이 들었다.

"난 커서 엄마가 될 거야."

딸 아이가 어느 날 내게 말했다. "오빠는 아빠가 되면 힘들겠다" 하며 장난기 가득한 얼굴로 웃었다.

"왜?" 하고 물었더니, "아빠는 더운데 밖에 나가서 힘들게 일해야 하잖아. 엄마는 집에 있어서 좋아. 나는 엄마처럼 될 거야."

가슴이 철렁 내려앉았다. 순간 웃어넘기고 말았지만, 내 안에서는 무언가 복잡한 감정이 일렁였다. 아이 눈에 나는 늘 집에 있고, 늘 곁에 있는, 편한 사람이었다. 유치원에서 돌아왔을 때 따뜻한 밥을 차려주는 사람, 놀이터에서 넘어졌을 때 달려와 안아주는 사람. 늘 곁에 있지만 어쩌면 '세상 밖'과 멀어진 사람. 그 말은 분명 아이의 말이었지만 어쩌면 세상이 만들어놓은 그림이기도 했다. 동화책에 등장하는 엄마처럼.

"나는 엄마처럼 될 거야."

아이는 예쁘게 말했지만, 그 말이 거울처럼 느껴졌다. 내가 어떤 모습으로 살아가고 있는지, 아이는 그대로 비춰주고 있었다. 그날 밤 이런 생각이 들기 시작했다.

'일을 해야 할까?'

확신은 없었지만, 그 물음은 마음속에 남았다. 바쁘게 움직이는 일상 속에서도 불쑥 떠올랐고, 잠들기 전 고요한 밤이면 더 또렷하게 맴돌았다. 말로 꺼내지도 않았고 어쩌면 나조차 외면하려 했던 질문이었지만 이상하게도 쉽게 사라지지 않았다. 단지 돈을 벌고 싶다는 마음은 아니었다. 딸이 '엄마처럼 되고 싶다'고 말할 때, 지금보다 더 당당하고 멋진 모습을 떠올렸으면 좋겠다고 생각했다.

*

"나, 일하고 싶어."

"일해."

그 대답은 너무 짧고, 너무 가벼웠다. 말은 했지만, 마음은 없는 그런 말. 진심으로 꺼낸 이야기에 던져진 무심한 반응에 어쩐지 서운함보다도 허무함이 먼저 밀려왔다. 일을 안 하겠다고 할 때도, "네가 알아서 해"라고 했던 남편이지만 이럴 땐 이상하게 그 말이 더 차갑게 느껴졌다.

"편의점 알바 해볼까?"

"진상 손님 많아서 힘들 걸."

"저녁에 카페 알바 자리가 났다는데 지원해 볼까?"

"항상 일찍 올 수 있다고 장담 못 해."

그럼… 일을 하라는 걸까, 말라는 걸까. 말로는 자유롭게 하라면서 현실에선 단 한 걸음도 허락하지 않는 사람. 아이들 하교, 학원 라이딩, 간식을 챙기고 저녁 준비까지. 이 모든 걸 나 홀로 책임지고 있는 상황에서 오전 몇 시간만 쓸 수 있는 일이 얼마나 있을까. 남편은 "하고 싶으면 해"라고 말했지만, 그 말은 집안일과 육아를 도와주지도, 나눠가지지도 않겠다는 선언처럼 느껴졌다. 내가 감당하는 수많은 일들은 '엄마'라는 이름 아래 너무 자연스럽게 자리 잡았고, 일을 하든 안 하든 상관없이 당연한 내 일이었다.

결국, 가정에 전혀 영향을 주지 않는 선에서만 가능한 일을 하라는 말. 그 선은 너무 좁았고, 거기에 기준을 삼아 움직일수록 난 점점 더 작은 사람처럼 느껴졌다.

*

 그러던 어느 날, 우연히 집 근처 도시재생센터에서 제로웨이스트 강사 양성과정에 선정되었다는 문자를 받았다. 무료로 들을 수 있는 수업이라 오전 시간 동안 '한번 해볼까' 하는 가벼운 마음으로 신청했다. 솔직히, 될 거라고 생각하지 않았다. 선정되었다는 문자를 받고 기쁘면서도 혹시나 아이가 아파서 학교에 가지 못하게 되면 어쩌지, 갑자기 일이 생기면 빠지게 되는 건 아닐까 하는 생각이 먼저 들었다. 아이에게는 늘 "일단 해보고 걱정하라"고 말하면서도 난 시작하기도 전에 일어나지 않은 상황부터 떠올렸다. 그 작은 수업조차 끝까지 마칠 수 있을까 하는 걱정이 앞섰다.

 수업은 오전 시간에 진행됐고, 아이를 데리고 와도 된다고 했다. 과정을 마치면 마을 강사로 활동할 기회도 주어진다고 했다. 이런 배려가 가능하단 말인가. 그 짧은 수업이 내 삶을 이렇게 바꿔놓을 줄은 몰랐다. 강의실에서 나는 '누구 엄마'가 아니라 '선생님'으로 불렸다. 아이의 얘기를 꺼내지 않아도 대화가 끊기지 않았고, 배움을 위한 이야기가 처음부터 끝까지 채워졌다. 수업을 마치고 받은 강사료가 통장에 찍힌 날, 휴대폰 화면을 몇 번이나 다시 확인했다. 크지 않은 숫자였지만, 그날은 저녁 준비를 하면서 자꾸만 입꼬리가 올라갔다. 식탁에 마주 앉은 남편에게 툭, 말을 꺼내고 싶은 기분이 들었다. 그동안 속으로만 삼켰던 작은 자랑이 입꼬리에서 간질거렸다.

"강사료 들어왔다!"

남편이 웃으며 말했다.

"이제 재벌되는 거야?"

어이없다는 듯 웃으며 "한 끼 사먹으면 땡이야" 하고 넘겼지만, 괜히 기분이 좋아졌다. 남편은 장난기 가득한 얼굴로 "건물 하나 알아볼까?" 하며 말도 안 되는 상상을 늘어놨고, 나는 "정신 차리고 밥이나 먹어" 하며 웃음을 터뜨렸다.

대단한 성과도 아니고, 가정에 큰 보탬이 되는 금액도 아니었지만 그날 식탁 위엔 오랜만에 '우리'라는 온기가 머물러 있었다. 별말도 없었지만 내가 단지 밥만 하는 사람만은 아니라는 걸, 작은 자리에서도 나로서 존재할 수 있다는 걸 실감했다. 예전 같으면 그 돈으로 나를 위한 조그만 선물이라도 샀을 텐데 이번엔 그러고 싶지 않았다. 그 돈은 가족 여행 경비로 고이 남겨두었다. 무언가를 사는 것보다, 무언가를 해냈다는 감정이 더 오래 남을 것 같아서.

그렇게, 조금씩 나를 찾아가기 시작했다. 사회에서 작게라도 내 자리가 생겼다는 건 생각보다 오래가는 설렘이었다. 도서관의 책 덤불을 헤치고 다니다 보면 왠지 근사해지는 기분이 들었다. 그 느낌은 그날로 끝나지 않았다. 아이에게 건네는 말투는 더 부드러워졌고, '나'에게도 다시 예의를 갖추고 싶어졌다.

*

이 이야기는 '경력단절 여성이 다시 멋진 커리어를 쌓아가는 드라마틱한 이야기'도 아니고 '주부가 재테크에 성공해 경제적 자유를 얻는 이야기'도 아니다. 10년 동안 사회에서 멀어져 '엄마'라는 이름만으로 살아오던 내가, 가족의 한 끼 외식비라도 스스로 벌어보며, 조금이나마 자신감을 얻게 된 이야기다. 변화의 결과를 보여주는 이야기가 아니라, 변화를 시작하려는 마음에 대한 이야기다. 아직은 '직업'이라 부르기엔 조심스럽다. 이 일이 내 노후를 책임질 거라 생각하지 않는다. 그렇지만, 이 일은 분명 내가 사회라는 공간에 다시 한 발을 내딛게 해

준 경험이었다.

앞으로도 아마 무언가를 하려고 할 것이다. 혹시 나처럼 머뭇거리고 있는 누군가가 있다면 이 조용한 이야기가 조금은 안심이 되고, 조금은 용기가 되었으면 좋겠다. 누군가가 이 이야기를 읽고 '나만 그랬던 건 아니구나'하고 고개를 끄덕였으면 좋겠다. 내가 느낀 막막함과 작아지는 감정, 그 속에서 작지만 분명한 변화의 기운을 봤으면 좋겠다.

당신도 당신의 자리에서 최선을 다하며 살아가고 있다는 걸 알아차렸으면 좋겠다.

나중이 아닌 지금

박지수

열 살 터울 두 아이를 키우느라 체력은 방전, 정신력은 위태.
도전과 열정은 언제나 100% 충전되어 있지만, 현실은 귀차니즘 폭발. 그럼에도 불구하고 자꾸만 새로운 일에 도전하고 싶은 스스로도 이해가 안 가는 엄마.

○
○

 가끔 거울 앞에서 낯선 기분에 휩싸일 때가 있다. 분명 내 모습인데, 거울 속 여자는 어느새 세월의 흔적을 담고 있다. 주름진 눈가, 예전보다 무거워진 표정. 익숙했던 모습은 점점 흐릿해지고 그 자리에 낯설 만큼 달라진 내가 보인다. 언제 이렇게 시간이 흘렀을까 싶어 당황스럽다. 한때는 이름 석자만으로도 충분히 자신을 설명할 수 있었던 사람. 무언가를 꿈꾸고, 스스로를 믿었던 그 시절의 나는 어디 갔을까?

 지금 나는 누구일까? 누군가의 엄마, 누군가의 아내, 누군가의 며느리, 누군가의 장녀…. 그 어느 것도 부정하고 싶진 않지만 그 이름들 아래 깔려 나는 점점 흐릿해져만 갔다. 언제부터였을까? 내 감정이, 욕망이, 이름이 사라지기 시작한 순간은…. 자신보다는 다른 누군가를 위해 살며 사랑이란 이름으로 나를 지우고 있었다.

결혼 생활 20여 년이 지난 지금, 돌이켜 보면 많은 일이 있었다. 강산이 변한다는 10년이 두 번이나 지나지 않았던가…. 모든 걸 내어줄 것 같고 언제나 내 편일 것 같던 남편은 결혼 후 개인주의적인 원래 성격을 드러냈다. 잡은 물고기에게 먹이를 주지 않는다는 농담같지 않은 말에는 말문이 막혔다.

남자는 결혼하면 효자가 된다고 했던가. 어느 날 남편이 시어머니께 대뜸 이리 말하는 게 아닌가. "어무이, 우리 같이 살까요?" 나에게 의논조차 없이 갑자기 내뱉은 말에 머릿속은 하얀 눈밭이 되었다. 당시 내 생각은 필요치 않았고, 정해진 결론에 아무 말도 못하고 그냥 흘러가는 대로 따랐다. 나 혼자만 참고 살면 모든 것이 평화로울 거 같아 혼자서 삭히며 살아왔다. 그리 산 지 20여 년이 훌쩍 흘러버렸다.

아이들이 자라서 조금씩 나를 필요로 하지 않게 된 틈 사이로, 또 다른 형태의 돌봄이 찾아왔다. 코로나 시국에 갑작스럽게 돌아가신 시아버지는 격리 병동에 계시는 바람에 제대로 보살피지도 못했다. 손주를 보여드리기 위해 입원 건물 창문 잘 보이는 곳 가까이에서 통화하며 손을 흔들어 보이고 비 오는 날에는 우산을 쓰고 찾아갔다. 그리고 2년 뒤 시어머니도 시아버지의 곁으로 가셨다.

코로나 시국에 간병인은 환자와 같이 병원에서 생활해야 하며 외출을 허락하지 않는 상황이었다. 간병인을 구하기가 어려운 상황에서, 가족들이 번갈아 가며 병수발을 드는 일도 늦둥이인 어린 아이와 고1 수험생이 있는 내겐 큰 부담이었다. 그놈의 며느리 도리가 무엇인지…. 시어머니의 간병을 위해 여러 차례 병원을 오가고 간병인을 구할 때까지 24시간 간병을 해야 했다. 그러나 어린아이 걱정에 더 오래 간병을 하지 못했고, 시댁 눈치를 보며 자리를 비울 수밖에 없었다. 마음 한편엔 미안함이 자리 잡았다.

'시누이는 두 아이 다 성인인데. 자유부인이지 않던가…. 왜 내가….' 그런 마음의 속삭임이 몇 번이고 나를 괴롭혔다. 그 아픔을 잊기도 전에, 전공의 의료 파업 때 친정 어머니가 갑작스레 암 진단을 받으셨다. 친정 아버지까지 뇌 수술을 받고, 노인성 질병에 걸리시는 등 지금까지도 힘든 나날이 계속되고 있다.

*

우리 아이들은 기질이 예민하다. 이른둥이로 태어나, 건강하게 낳아주지 못했다는 미안함이 항상 있다. 아이들 때문에 울고 웃던 나날도 있었다. 모든 것이 힘에 겨웠지만 어쩔 수 없으니 그냥 무덤덤하게 해야 할 일을 하는 것처럼, 매일 밥을 먹듯 그렇게 지내왔다.

갑작스러운 진통과 조산 위험으로 자주 병원을 드나들며 늘 긴장 속에 하루하루를 보내던 어느 날, 병원 검진 중 양수가 터져 구급차를 타고 대학병원으로 이송되었다. 예정일보다 훨씬 이른 출산을 했다. 의료진들은 최대한 침착한 태도를 유지했지만, 나는 분만실의 차가운 공기와 눈부신 백열등 불빛 아래에서 심장이 쪼그라드는 듯한 두려움에 휩싸였다. 그 느낌을 아직도 잊을 수 없다. 이른둥이 아이를 신생아 집중 치료실에 두고 온 날, 두부처럼 뭉그러지는 내 마음을 아무도 몰랐다. 지인들은 나의 눈치를 살피느라 내색하지 않았을지도 모른다.

두 아이들 모두 대학병원에서 급하게 출산한 나의 마

음은 새까만 숯덩이가 된 지 오래다. 타인에게 감정을 솔직하게 표현하는 것에 서투른 나는 사람들 앞에선 강한 척, 괜찮은 척, 무던한 척 했지만 아무도 없을 때는 꺼이꺼이 많이 울었다. 대학병원 진료 1년을 무사히 넘겨 일반병원으로 가는 것이 이른둥이의 목표였기 때문에 대학병원에서 전화가 올 때면 가슴이 철렁거렸다.

"오늘은 황달 수치가 조금 올라갔습니다."

"오늘은 아이가 소화를 못 시켜서 금식을 합니다."

"오늘 호흡기를 떼었어요. 자가호흡을 시작했어요."

의료진의 한마디에 그날의 기분이 결정되었고, 감정의 롤러코스터를 타며 살았다. 보호자 출입이 허락되는 짧은 면회 시간에는 인큐베이터 안, 작고 여린 아이에게 남겨진 수많은 주사 자국과 의료 장비들이 붙어 있는 그 모습을 바라볼 수밖에 없었다. 그것 말고는 아무것도 할 수 없던 시간, 고통스러울 정도로 무기력했다. 수개월의 병원 생활은 단순한 입원이 아니라, '엄마'라는 정체성과 책임감을 새롭게 각인시키는 계기가 되었다.

아이를 살리기 위해, 건강하게 키우기 위해, 수많은 선택의 기로 앞에서 날 희생해야 했다. 의료진의 조언 하나하나가 일상이 되었고, 불안과 걱정으로 잠 못 이루는 날이 반복되었다. 그 시간 동안 나는 단순한 '산모'가 아닌, 아이의 생사를 놓고 싸우는 '전사'가 되었다. 병원 복도를 걷는 것이 일상이 되었고, 종교가 없어도 기도하는 게 습관이 되었다. 그 기간을 잘 넘기고 다행히도 잔병치레 없이 건강하게 자라주는 지금의 아이들에게 감사할 따름이다. 요즘은 의술이 좋아져서 그렇지 옛날 같았음 다 죽었을 목숨이라고 의미 없이 흘리시는 시어머니의 말씀이 아직도 뇌리에 박혀 잊히지 않는다.

*

열 살 터울의 두 아이를 키우는 일은 말 그대로 고군분투의 연속이었다. 첫째가 조금 자랐다 싶으면, 다른 한쪽은 막 기어다니기 시작했고, 한 아이가 사춘기에 들어서고 입시 준비를 할 때, 다른 아이는 초등학교 입학 준비를 해야 했다. 한 아이에게 웃음을 건네는 사이, 다른 아이에겐 미처 눈길 한 번 제대로 주지 못한 날도 많았다. 그렇게 정신없이 아이들을 키우다 보니 시간이 훌쩍 지나 흰 머리가 난 거울 속 나를 발견하게 되었다.

그러던 어느 날, 몸이 이상 신호를 보내왔다. 극심한 피로감과 통증. 병원에서 받은 진단은 종합병원이 따로 없었다. 수술과 회복을 반복하면서도 가족 걱정이 앞서 수술 날 잡는 것도 마음대로 하지 못했다. 병상에 누워 있으면서도 부모님을 걱정하고 아이들 챙기기 급급했다. 나 자신에게는 늘 '나중'이라는 말만 남았다. 결국, 심신이 고달퍼서 그런가. 화병과 더불어 여러 번의 수술로 인해 칼자국이 난무한 만신창이 몸뚱이만 남았다. 공허함이 나를 감싼다.

자녀들을 출가시키고 본인의 삶에 충실하고 싶으셨을까. 나에겐 돈 벌 생각 말고 집에 있는 게 돈 버는 일이라며 아이 맡길 생각하지 말라던 양가 부모님. 누구에게도 도움을 받을 수 없었던 나는, 슈퍼우먼 같이 육아와 병행하는 일을 해낼 자신이 없어 포기했다. 여자로서, 아내로서, 엄마로서, 며느리로서 할 일과 신경 쓸 일이 넘쳐났다. 어른들의 말씀이 신경 쓰이고 맘에 걸려 외면할 수 없던 성격이 한몫하기도 했다. 결혼은, 출산은, 육아는…. 내게 새로운 형태의 삶이 되어버린지 오래다.

결혼 후, 나의 일과 관심사는 뒷전이 되어버렸다. 나만을 위한 시간을 가진다는 건 얼마나 사치스러운 일인지 알게 되었다. 기질이 예민한 아이를 키우며 일을 병행하는 고군분투를 할 자신이 없었다. 아이가 크면, 돌봄에서 벗어나는 나이가 되면, 일을 찾으리라, 나를 찾으리라 생각했다. 그런데 또다시 육아라는 이름의 버거움이 찾아와 버렸다. 자식은 터울을 안 지게 낳아서 키워야 된다는 어른들의 말씀이 맞는 걸까? 늦은 나이에 임신과 육아로 몸과 마음이 힘에 겨워 우울증과 무기력감이 몰려왔다.

그런 와중에도 새로운 배움으로 힘겨운 우울증을 이겨냈다. 첫 아이 때도 그랬지만 아이가 어린이집, 유치원, 학교를 간 사이 시간만 허락하면 배우고 익혔다. 공허함을 채워줄 무언가를 찾기 위한 것이었을까. 캘리그라피, 한지 공예, 냅킨아트, 천연 화장품, 리본 공예, 앙금케이크…. 유명인의 강의를 찾아다녔다.

늦둥이 둘째가 초등 저학년을 벗어나니 마음의 여유가 생겼다. 아이들 위주로 돌아가던 스케줄에서 비로소 나 자신을 위한 스케줄이 조금씩 추가되어 그 비중이 높아지기 시작했다. 눈에 띄게 활력도 생겨 밝아진 모습을 긍정적으로 바라보는 사람들도 있었다. 나만을 위한 삶이 시작된 건 아니지만, 가족을 위한 삶, 아이를 위한 삶의 비중이 낮아지고 나를 위한 시간이 많아지는 요즘이다. 최근엔 15년 전에 취득한 자격증으로 인해 근로소득도 생겼고, 제로웨이스트 강사까지 겸하게 되었다.

*

지금의 나를 돌아보면 가족들의 병환, 이른둥이 출산과 육아의 반복, 질병 수술까지…. 내 인생은 왜 이럴까 원망한 시간도 길었다. 그래도 지금 와서 보니 완전히 절망하진 않았던 거 같다. 꿈은 잠시 조각나 있었을 뿐이었다. 아이를 낳아 기르며 엄마가 되고, 내 존재를 잃어가며 가족을 위해 헌신하는 삶을 살았다. 100세 시대의 반을 살아온 나는, 이제 가족의 행복을 위해 기꺼이 내려놓았던 꿈의 조각을 하나하나 맞춰가며 살고 있다.

 더 이상 '나중에' 살지 않을 거다. 다시 '나'를 찾아가는 중이다. 먼 훗날 세월이 흘러 백발노인이 되면, 지나온 삶을 되돌아보며 미소 짓고 싶다.

'엄마'이지만, 동시에 '나'이기도 하니까

편정민

아이 셋 키우며 매일 예측불가 시트콤 속에 산다.
완벽하게 해내고 싶지만 현실은 종종 'NG 연속'.
인생이라는 드라마를 열심히 촬영 중이다.

○
○

 누구보다 빨리, 누구보다 단단하게 가정을 이루고 싶었다. 따뜻한 집, 사랑하는 배우자, 웃음소리 가득한 아이들. 어릴 때부터 그런 가정을 꿈꾸며 자랐다.

 고등학교 시절, 아버지는 시한부 선고를 받으시고 끝내 세상을 떠나셨다. 그 시기를 겪으며 내 꿈은 더욱 간절해졌다. 아버지가 병원에 입원해 계시던 동안, 오빠와 난 부모님의 빈자리를 느끼며 스스로 아침을 차려 먹고 등교를 했다. 학교에서 돌아와도 우리를 반겨주는 이는 없었다. 아버지가 돌아가신 뒤에는 어머니가 아버지 몫까지 감당하시느라 내내 바쁘셨고, 우리는 깊은 외로움 속에서 지내야 했다. 그 시절, 마음속으로 다짐했다.

'내가 만든 집은 따뜻하고 안정적인 공간이 될 거야. 집에 돌아오면 항상 누군가가 반겨주고, 가족들의 도란도란한 대화 소리가 들리는 그런 집. 내 아이들에게는 결핍보다 사랑이 먼저일 거야.'

그 다짐은 삶을 움직이는 원동력이 되었다. 또래보다 이른 20대 중반에 결혼이라는 새로운 문을 열었다. 신혼의 달콤함을 채 느끼기도 전에 난 첫 아이를 임신했다.

결혼 전 유치원 선생님으로 살며, 아이들과 눈을 맞추고, 손을 맞잡고, 함께 웃고 달리며 하루를 보내는 일은 단순한 직업이 아니라 삶의 일부였다. 그래서 '엄마'라는 이름도 낯설지 않았다. 아이를 사랑하는 마음만 있다면 육아 또한 자연스럽게 이어지는 과정일 거라 믿었다. 그런데 현실은 예상과는 전혀 달랐다.

첫 임신의 기쁨도 잠시, 고통의 문이 열렸다. 하루 종일 멀미하듯 어지럽고 속이 뒤집혔으며, 음식은커녕 물 한 모금조차 넘기기 힘들었다. 유치원 수업 중에도 뛰쳐나가 구토를 해야 할 정도였다. 지나치게 잦은 구토 끝엔 피가 섞여 나왔고, 식도는 심하게 손상되어 임신 중 내시경 검사까지 받아야 했다. 퇴근 후엔 밥 대신 병원에서 맞는 링거에 의지했고, 피로는 눈덩이처럼 쌓여만

갔다.

　다른 산모들보다 유난히도 진통이 길었던 나는, 무려 3일간의 고통 끝에 첫 아이를 품에 안았다. 말로 다 표현할 수 없을 만큼 극심했던 고통은 아이를 마주하는 순간, 설명할 수 없는 기쁨으로 바뀌었다. 아이가 태어난 지 얼마 되지 않았을 때는 조막만 한 손가락과 발가락에서 나는 냄새마저도 사랑스러웠다. 잠든 아이가 뒤척이기라도 하면, 난 깊은 잠을 자지 못한 채 몇 번이고 아이가 잘 자고 있는지 확인하곤 했다.

　마치 다시 태어난 것처럼, 세상 모든 것이 눈부시게 빛나 보였다. 분명 진통의 고통을 겪으며 '다시 출산하지 않겠다'고 다짐했건만, 아이가 처음 "엄마"라는 말을 내뱉고 까르륵 웃어줄 때마다 모든 피로가 녹아내리는 듯한 기분이 들었다.

　그 웃음 하나에 다시 용기를 얻었고 그렇게 둘째, 셋째 아이까지 연이어 품게 되었다. 입덧은 임신을 거듭할수록 더 심해졌다. 엄마의 손길이 절실한 첫째를 돌보며 둘째를 품었고, 첫째와 둘째를 동시에 돌보며 셋째를 품는 건 몸과 마음을 바닥까지 끌어내리는 일이었다. 냄새 하나에 예민해지고, 고개만 들어도 구토가 쏟아졌다.

*

두 살 터울로 태어난 아이들은 사실상 몇 개월 차이가 나지 않았다. 한 아이의 기저귀를 갈고 나면 곧바로 다른 아이의 기저귀를 갈았고, 만삭의 배 위에 아기띠를 맨 채 유모차를 밀며 하루를 보냈다. 그 와중에도 밥을 차리고, 아이들과 놀며, 밤이면 셋을 동시에 재웠다. 나 자신을 돌볼 시간은 없었지만 바쁜 시간 속에서도 조금씩, 분명히 '엄마'로서 단단해지고 있었다.

아이들이 병원 한번 가지 않고 건강하게 자라주는 모습을 보며, 나름 자부심을 느꼈다. 세 아이에게 모유 수유를 하면서, 평소엔 삼계탕조차 넘기지 못하던 비위 약한 내가 돼지다리를 푹 고은 국물도 꾹 참고 마셨고, 수유에 좋다는 음식들도 코를 막고 억지로 먹어냈다.

모유 수유 덕분에 아이들과 나는 늘 함께 움직이는 '세트'가 되었다. 아이를 두고 외출하는 건 쉽지 않았고, 병원에 다녀올 때도 아이가 배고프다고 울기 전에 서둘러 돌아와야 하는 '수유렐라'가 되고 말았다.

두 살 터울의 아이 셋과 길을 걷다 보면, 사람들이 종종 말을 건넸다. "딸, 딸, 아들. 예쁘게 낳으셨네요." "세쌍

둥이 같아요." "세 명 키우려면 힘든데 어쩜 이렇게 예쁘게 키우셨어요." 그런 말을 들을 때면 마치 아이들이 인생의 성적표라도 되는 것처럼 자랑스러워했다.

그러다 셋째가 돌도 지나지 않았을 무렵, 갑작스럽게 일을 시작하게 되었다. 경제적 사정 때문이었다. 준비되지 않은 마음으로 겨우 유치원에 복직했지만, 집을 나설 때마다 아이는 자지러지게 울었다. 일터에 있어도 마음은 늘 집에 가 있었고, 비슷한 또래 아이들을 바라볼수록 내 아이들이 더 떠올랐다. 게다가 근무 조건도 처음과 달리 자꾸 바뀌었다. 지쳐가다가, 결국 몇 달 만에 일을 그만둘 수밖에 없었다. 마음속으로 단단히 결심했다. 준비되지 않은 상태로는, 다시 일하지 않겠다고.

서툰 요리 실력으로 국수를 삶고, 요리책을 뒤적여가며 고구마 경단을 만들어 아이들 간식을 준비했다. 봄이면 벚꽃놀이를 하며 꽃잎을 날렸고, 여름엔 계곡에서 물고기를 잡으며 시원한 시간을 보냈다. 가을에는 바스락거리는 낙엽을 밟으며 걸었고, 겨울이면 얼음 썰매를 타며 눈 속에서 한껏 웃었다. 그렇게 사계절의 순간을 아이들과 함께 기록해 나갔다.

SNS에 '엄마표 놀이'를 공유하며, 나에게도 이렇게 물었다.

'지금도 충분히 잘 살고 있는 거지?'

그러던 어느 날, 첫째가 조심스럽게 말을 꺼냈다.

"○○엄마는 간호사고, ○○엄마는 카페에서 일한대."

친구들 엄마들이 각자 자기 일을 자랑스럽게 말하는 모습을 봤다고 했다. 그리고 던진 말.

"엄마도 유치원 선생님이었지?"

난 순간 당황했고, 조심스레 되물었다.

"엄마, 일하러 갔으면 좋겠어? 그러면 너희랑 떨어져 있는 시간이 길어지겠지."

그 대화는 아이에겐 스쳐가는 한 장면이었겠지만, 내겐 꽤 큰 울림이었다.

아이들과 함께한 모든 시간은 분명 소중하고 의미 있었지만, 그 순간 내 안의 다른 내가 조용히 고개를 들고 있었다.

한때 아이들의 이름 앞에 숨어 있던 '나'라는 존재.

한 사람의 엄마로 충실하게 살아왔지만, 그 너머의 '사회적 존재로서의 나'는 점점 희미해지고 있었다. 아이에게 이유를 설명하는 척하면서, 어쩌면 스스로에게 말하고 있었는지도 모른다. '괜찮다고, 지금 이 모습으로도 충분하다고.' 하지만 정말 그랬을까?

비 오는 날이면 아이들이 비에 젖지 않도록 달려가 우산을 씌워주고, 숙제를 도와주며, 학교 준비물을 빠짐없이 챙기는 일은 당연한 일상이자, 작지만 확실한 기쁨이었다. 그러나 사실 난 어릴 적 바쁜 부모님 때문에 학교 행사에 혼자 참석해야 했던 일이 많았다. 그 때문에 아이들 행사 만큼은 꼭 참여하려고 했다.

*

시간이 흐르자, 다른 아이들은 스스로 우산을 챙기고, 예기치 않은 상황에서도 능숙하게 대처해 나갔다. 다른 아이들은 흐트러진 머리를 대수롭지 않은 듯 묶는데 우리 아이는 "엄마, 머리 묶어줘" 하고 달려왔다. 그 모습을 보며 문득 스치는 생각이 있었다.

"혹시, 아이에게, 비를 맞지 않게만 해주고 비를 피하는 법은 가르치지 못한 건 아닐까?"

아이 친구들이 점점 독립해 가는 모습을 보며, 오히려 우리 아이가 주도적으로 행동하지 못하는 부분이 자꾸만 눈에 들어왔다.

어느새 잔소리가 늘어났다. "오늘 거 공부 다했어?" "이제 몇 개 남았어?" "우유는 마셨어?" 하지만 그 잔소리는 아이를 향한 것이 아니라, 불안을 감추기 위한 과잉보호는 아니었을까? 또래보다 가까운 사이인 세 남매는 나날이 다툼이 잦아졌고, 난 하루에도 수차례 화를 내는 엄마가 되어 있었다.

'아이들과 가까이 있고 싶어서 전업주부가 되었는데, 오히려 아이를 힘들게 하고 있는 건 아닐까?' 자책은 밤마다 나를 덮쳤다. 함께하는 시간이 많아질수록 아이들에게 들어가는 비용도 점점 많아졌다. 아이들이 물건을 고르며 가격표부터 확인하는 버릇은, 분명 내가 만든 것이다. 카드값이 많이 나온 날이면 큰 실수라도 한 것처럼 눈치를 보게 되고, 마음에 드는 물건 사는 것도 사치처럼 느껴졌다.

그러던 어느 날, 우리 지역의 아는 어린이집 몇 곳이 문을 닫았다는 소식을 들었다. 출산율은 낮아지고, 아이들 수는 줄어들고 있었다. 그때 난 처음으로 현실을 마주했다.

'내가 사랑한 유치원 교사라는 직업도, 더 이상 안정적이지 않겠구나.'

오랜 고민 끝에 결심했다. 그래, 이제는 준비할 시간이야. 사이버대학에 진학했다. 공부하기엔 이미 늦은 나이라고 생각했지만, 다시 강의실에 앉아 노트를 펴고 강의를 들었다. 막연히 '배워보자'는 마음이었지만, 현실은 만만치 않았다. 수업이 끝나면 과제가 밀려오고, 과제를 제출하면 곧이어 특강과 시험이 이어졌다. 이 정도일 거라 생각지도 못했다. 아이들을 재우고 새벽까지 졸린 눈을 비비며 과제를 하고, 조용한 밤 혼자 시험 준비를 하며 마음속으로 되뇌었다.

'지금은 나를 다시 세우는 중이야.'

아이들에 맞춰 돌아가던 내 삶에, 어느 순간부터 나만의 시간이 생기기 시작했다. 이제 나 자신을 위해 투자하고 있었고, 걱정하던 일들을 하나씩 해결해 나갈 때마다 '할 수 있어'라는 작은 목소리가 마음속에서 들려왔다. 이제는 아이들이 시험 점수 때문에 속상해할 때도 예전처럼 혼내지 않는다. 그 대신 조용히, 진심을 담아 말해준다. "엄마도 공부해 보니까 알겠더라. 시험 결과보다 그걸 준비하며 노력한 시간이 더 소중한 거야."

아이들은 내 모습을 보며 한층 더 성숙해졌고, 나 역시 아이들에게 부끄럽지 않은, 계속해서 성장하는 엄마가 되어가고 있다.

*

작년의 일이다. 아이들은 모두 학교에 가고 집은 퇴근 없는 일터가 되어버렸다. 집 말고 다른 곳에서 시간을 보내보자 생각하고 화원 천내리 도시재생센터의 제로웨이스트 수업을 신청했다. 제로웨이스트 강사 양성과정에 참여하고, 수업이 끝나갈 무렵, 그 안에서 마을 공동체 활동과 주민 교육의 기회를 얻었다. 아이들의 세상 안에만 갇혀 있던 내게, 그 활동은 세상과 연결되는 징검다리가 되어주었다.

하지만 쉽지 않았다. 낯선 환경과 새로운 사람들 사이에서 말 한마디 내뱉는 것조차 조심스러웠고, 오랜 시간 아이들과 지내며 잊었던 사회적 소통의 어려움을 다시 느꼈다. 대학 공부를 시작하고, 제로웨이스트 과정을 공부하다 보니 사회초년생으로 돌아간 기분이었다.

20대 때 한번도 해보지 않은 알바도 이것저것 경험해 보았다. 유치원에서 일할 때는 큰 행사도 별 긴장 없이 해냈던 나였다. 하지만 시작도 전부터 '일하러 가면 아이들 픽업은 누가 해주지?' '아프면 어떡하지?' 같은 일어나지 않은 고민과 걱정이 먼저 머릿속을 가득 채웠다. 한 걸음 내딛기 전에 수없이 멈춰 서는 사람이 되어 버린 걸까. 그래도 포기하지 않는다.

도시재생 프로그램에서 처음으로 수업을 하던 날, 100명이 넘는 부모들 앞에서도 밝게 웃으며 말하던 나는 사라졌다. 단상에 서니 손발이 오그라들고 연습했던 대사조차 떠오르지 않았다. 주변 선생님들은 척척 일거리를 찾아 움직였지만, 난 어떻게 도와야 할지 몰라 우왕좌왕하며 헤매기 일쑤였다. 그 속에서 진심을 말로 표현하는 것조차 쉽지 않다는 걸 느꼈고, 괜히 다른 사람들에게 피해가 되는 것 같아 서러움에 눈물도 쏟았다.

하지만 그 시간을 견디며, 부담을 덜어주려는 선생님들의 따뜻한 배려를 느낄 수 있었다. 하나씩, 천천히 해내기 시작했다. 다시 사회초년생이 된 듯, 부족하지만 부딪히고 도전하며 조금씩 앞으로!

*

남편은 여전히 내게 묻는다.
"오늘은 어디 가는 날이야?"
그 말이 기대와 응원의 메시지처럼 들린다. 아이들도

눈을 반짝이며 묻는다.

"엄마, 오늘도 비누 만들러 가는 날이야?"

"오늘은 어떤 거 만들어 왔어?"

둘째 아이의 달리기 대회 며칠 전.

"그날, 일 빼고 달리기 시합 구경 가줄까?"

그러자 아이는 씩씩하게 대답했다.

"아니, 일하고 와서 돈 받으면 맛있는 거 사줘!"

내가 공부에 매진하고 있을 때, 아이는 조용히 공부하며 말했다.

"나도 공부할 테니까, 엄마도 시험 잘 쳐."

대학 공부와 제로웨이스트 강사 활동, 그 속에서 찾아온 수많은 변화들. 더 이상 겁내지 않는다. 조금씩, 그러나 분명히 나의 길을 걷고 있다.

여전히 '엄마'이지만, 동시에 '나'이기도 하니까.

스녕아 어디 가?

김선영

집에서는 밥 짓고 빨래하는 평범한 주부, 밖에 나가면 동에 번쩍 서에 번쩍, 에너지 폭발하는 홍길녀! 사람들은 나를 두고 '저 사람 혹시 마법사 아냐?'라며 수군거리지만, 사실 나는 도전 없이는 못 사는 타입일 뿐이다. 집에서 충전, 밖에서 방전, 그리고 다시 충전.

○
○

"어서 일어나! 빨리 학교 가야지. 지각이다."
"학교 안 가면 안 되나?"
"무슨 소리고? 학교 가야지! 퍼득 일어나 준비해라!"

매일 아침, 하루도 빠짐없이 알람시계처럼 아이 둘을 깨워 학교에 보내고 나면 내 하루가 시작된다. 등교 알람 "띵동~띵동" 소리에 육아맘에서 새로운 삶이 시작되고 자유 부인이 된다. 무엇을 할까? 누구를 만날까? 고민도 잠시, 미리 계획을 세워두고 짜놓은 스케줄을 소화하며 바쁘게 보내고 있다. 애들도 컸고 이제 쉬어도 되건만 왜 이렇게 하루를 빡빡하게 채워 놓았을까.

그러고 보면 결혼 전에도 쉬지 못했다. 투잡도 아니고 쓰리잡을 했다. 아침 출근길, 단정한 교직원 복장에 낡은 운동화를 신었다. 비정규직 행정직으로 하루종일 행정실에서 뛰어다니고, 전화 받고, 서류를 정리하면서 아이들의 웃음소리에 잠시 미소 지었다. 퇴근하자마자 치과로 달려갔다. 칫솔 자국, 침 자국, 치석 먼지들, 눈에 보이지 않는 것까지 닦아냈다. 주말엔 막창집에서 일했다. 주방과 홀을 오가며 "막창 하나 더요!"라고 외치길 수십 번. 내 옷은 고기 냄새로 절어 있었지만 늘 입꼬리 올리고 "감사합니다"를 외쳤다.

퇴근 후 집에 오면 발바닥이 불에 데인 듯 아팠다. 옷 갈아입을 힘도 없어 바닥에 주저앉아 눈을 감았다. 컵라면 하나로 배를 채우고 정신을 차린 후 땀으로 흠뻑 젖은 몸을 씻는다. 잠을 제대로 자지 못하는 날도 많았고 친구들과의 약속은 먼 이야기가 되었다. 때로는 남들보다 느린 삶이 억울하게 느껴졌고, 가족이라는 이유로 왜 이 모든 짐을 혼자 짊어져야 하나 원망하는 날도 있었다. 하지만 장녀라는 이름으로 다시 일어섰다. 쓰러질 여유조차 허락되지 않는 삶, K-장녀의 현실이었다.

*

"왜 하필 우리 집이었을까. 왜 하필 난 장녀일까."
그런 생각이 문득문득 올라온다. 괜찮은 척 웃지만, 속은 무너지는 날들이 많다. 하지만 흔들릴수 없는, 나는 장녀였다. 누군가는 버텨야 했다.
"괜찮아, 너니까 할 수 있어. 아니, 너 밖에 없잖아."
한국에서 살아가는 K-장녀로, 삶은 찬란하지도, 안정적이지도 않았다. 평범한 일상이라 불릴 만한 것도 사치처럼 느껴질 때가 많았다. 지칠 때마다 '그래도 버텨야지' 하며 다잡았지만, 문득문득 슬프다. 왜 나는 버텨야만 살아갈 수 있는가. 왜 이 나이에 건강을 걱정하고, 내일 아플까 두려워하며 살고 있는가. 몸이 조금만 아파도 병원에 가는 것조차 두려웠다.

인생이라는 마라톤의 중반을 넘는 시점, 내가 누구인지 곰곰이 생각해 보는 시간을 가져본다. 가난이 죄는 아니지만 사랑 앞에선 무력하게 느껴질 때가 많았다. 그래서 눈치 보지 않고 있는 그대로의 나를 바라봐 줄 사람을 찾고 싶었다. 내 삶과 가족의 현실을 외면하지 않으면서도 누군가와 따뜻한 미래를 그리고 싶었다. 연애 시절의 아픈 기억들은 날 단단하게 만들었고, 앞으로 진심으로 함께할 사람을 기다렸다.

　20대 후반이 되고, 여전히 꿈을 꾸며 꿈을 위해서 달려갔다. 첫 번째 꿈은 대학교를 졸업하고 조교가 되는 것, 두 번째는 계약직에서 교직원이 되는 것이었다. 계약기간 동안 열심히 일한 결과 모두에게 인정을 받았고, 두 번째 꿈을 이루었다.

소개팅도 많이 했다. 쓰리잡을 한다고 하면 분위기가 싸해지곤 했다. 숨기자니 스스로를 부정하는 것 같았다. '왜 그렇게까지 일해요?'라는 가벼운 질문조차 칼처럼 날카롭게 들렸다. 악의가 없다는 걸 알아도, 그 말은 오랜 시간 쌓아온 버팀목 위에 균열을 냈다. 한 번은 이런 일도 있었다. 어느 소개팅 자리에서, 상대가 나의 쓰리잡 얘기를 듣고 웃으면서 말했다. "그래도 꿈은 있으신 거죠?" 그때 대화는 끝났다. 자리에서 일어나 화장실에 간다고 하고, 다시 돌아가지 않았다.

　마음이 복잡했던 이유는 단순했다. 사랑받고 싶었지만 나의 '조건'이 사랑의 대상이 되지 못한다고 느꼈다. 쓰리잡을 해야 하는 삶, 깊은 피로, 작은 자존감. 이런 나를 있는 그대로 받아줄 사람은 없을 거라 생각했다.

하지만 마음 한 구석은 늘 허전했다. 강한 척해도, 누군가와 함께 걷고 싶었다. 어느 날, 내 근무지에서 KBS 〈전국노래자랑〉을 진행한다는 소식이 들려왔다. 심장이 터질 듯 설레기 시작했다. 1980년 11월 9일 첫 전파를 타 현재까지, 일요일 낮 12시 10분만 되면 어김없이 찾아오는 40년이 넘은 프로그램이다.

지원서를 내고 운 좋게 송해 선생님을 만날 수 있는 기회가 생겨서 큰마음을 먹고 공개 구혼을 했다. 조건과 스펙, 체면이 아닌, 나라는 사람을 온전히 보겠다는 사람에게 나를 열기로 했다. 지금 생각하면 무슨 자신감으로 그리 했는지 웃음이 절로 난다.

*

"띵동댕~ 전국~ 노래자랑! 빰빰빰~빰빰 빰~빰"

"저는 계란 한 판인데, 묻지도 말고 따지지도 말고 건강하고 오래도록 제 곁에 있을 수 있는 분을 만나고 싶습니다."

전국에서 나의 공개 구혼을 듣고, 근무지로 연락이 오고 손 편지도 왔다. 거짓말 조금 보태서 100대 1의 경쟁률로 지금의 신랑을 만나 결혼을 했다.

솔직히 말하면, 오래도록 사람을 믿지 못했다. 특히 연애는 더 그랬다. 조건을 따지고, 내 삶을 판단하던 사람들 사이에서 늘 숨거나 도망쳤다. 그래서 지금의 남편을 처음 만났을 때도 큰 기대는 없었다. 또 한 번의 피곤한 만남쯤으로 여기고 있었고, 이번에도 내가 먼저 마음을 닫게 될 거라 생각했다.

하지만 그는 달랐다. 처음 만났을 때부터 내 이야기를 들으려 했다. 무슨 일을 하느냐가 아니라, 왜 그렇게 사는지 물었다. 내가 쓰리잡을 한다는 얘기를 꺼냈을 때, 누구보다 진지하게 고개를 끄덕이며 말했다.

"그렇게까지 열심히 사는 사람은, 여태 본 적이 없어요. 멋있네요. 정말요."

단순한 칭찬이 아니었다. 진심이 느껴졌고, 나를 위로하려는 의도가 아니라 있는 그대로의 나를 존중해 주는 마음이 느껴졌다. 그날 이후, 그는 내 피곤한 스케줄에 억지로 끼어들지 않았다. 대신, 알바를 마치고 나면 짧은 통화라도 하자고 했고 잠깐 얼굴을 보러 와서 간식을 놓고 가기도 했다. 날 감동시킨 건 거창한 이벤트도 화려한 말도 아니었다. "남들보다 두 배는 더 고생하니까 챙겨주고 싶어요. 둘이 같이 있으면 일어날 힘이 생기겠지"라고 말하던 그 사람의 눈빛이었다.

한번은 말없이 김밥 재료를 사와서 깻잎도 넣고 하트 김밥을 만들어 줘 온 가족이 배불리 한 끼를 먹은 적이 있다. 따로 부탁한 적도 없는데 자연스럽게 내 가족을 '자기 사람들'처럼 여겼다. 그날, 진짜 가족이 될 사람을 만났다는 걸 알았다.

출산을 하고, 교직원을 그만뒀다. 남들은 미쳤다고 했다. "그 안정적인 자리를 왜?"라는 눈빛이 수없이 꽂혔다. 하지만 육아는 하루 24시간 풀타임보다 더한 무급 초과근무였다. 남편은 투잡을 병행하며 가장으로 버텼고, 나는 집을 로봇 청소기처럼 돌면서 아이의 하루를 지키는 사람으로 살았다. 결혼 전, 쓰리잡을 하던 시절에는 몸이 부서질 듯 바빴지만 숨통이 트이는 기분이었다. 그래서 하루 종일 집에 묶여 아이만 보는 생활은 몸이 간질거릴 정도로 숨이 막혔다. 틈만 나면 밖으로 나갈 구멍을 찾았다. 봉사활동을 하고, 문화활동가로서 마을 지역행사에 참여해 숨구멍을 만들면서 다시 '나'라는 색을 되찾기 시작했다.

지금 내 하루는 거의 '프린터 고장난 사무실'처럼 쉴틈 없이 바쁘다. 누가 보면 그저 '문화 수업'을 듣는다고 생각할지 모르지만 과거 쓰리잡 할 때 못지않은 바쁜 스케줄로 가득 차 있다.

*

출근 도장 찍듯 천내리 도시재생 현장지원센터를 드나들고, 아이들 하교 시간 전에 돌아오려고 분 단위로 움직이며, 그 틈에 기획하고, 제작하고, 회의까지 한다. 몸은 고되지만 마음은 살아나는 느낌이다. 이제는 육아도, 활동도, 나 자신의 성장도 어느 하나 소홀히 하지 않는 삶을 살고 있다.

누군가는 이렇게 말할지도 모른다. "그렇게까지 열심히 살아야 해?"

하지만 안다. 이렇게 살아야 비로소 나로 숨 쉬게 된다는 걸. 이 열정이 나를 세우고 있다는 걸. 오늘도 빈틈없이 달린다. 내 이름, 내 삶을 걸고.

첫 걸음

이서진

7년째 아로마테라피 공방을 운영 중. 엄마와 강사 역할을 분주히 오간다. 천내리 경력단절여성 14인의 강의를 맡게 되었고, 그녀들의 시작을 함께했다. 나의 첫 걸음을 되돌아보며, 삶의 방향을 고민하는 엄마들에게 작은 위로가 되기를.

○
○

"안녕하세요. 아로마테라피, 제로웨이스트 강사 이서진입니다."

지금은 매일같이 자연스럽게 꺼내는 말이지만, 이 일이 내가 처음 꿈꿨던 직업은 아니다. 결혼 전, 화학을 전공하고 석사과정을 마친 뒤, 반도체에 들어가는 고분자 재료를 개발하는 연구원으로 일했다. 대학 시절에는 전국 학술대회에서 여러 차례 수상했고, 입사 후에도 꽤나 책임감 있는 업무를 맡아 좋은 평가를 받곤 했다. 내 일에 있어선 항상 자신감이 넘쳤고, 즐거웠다. 당연히 드라마에 나오는 커리어 우먼처럼 때가 되면 진급을 하고, 전

문성을 키워가며 결혼과 육아까지 병행할 수 있으리라 믿었다. 하지만 그건 현실을 모른 채 가졌던 어린 시절의 자만이었다. 대부분의 여성들과 마찬가지로, 나의 경력단절은 결혼과 출산에서 시작되었다.

8년간 든든하게 곁을 지켜주었던 사람과 결혼을 하고, 모두의 축복속에서 태어난 아이는 내 안에서 피어난 작은 우주 같았다. 모두가 부러워하는 자상한 남편, 건강하게 무럭무럭 자라는 아이, 양가 어른들의 따뜻한 사랑. 힘겨운 출산 후에 갓난 아이를 밤낮으로 돌보는 것은 분명 고된 일이었지만, 그보다 행복감이 먼저였다. 하루하루가 선물처럼 느껴졌고, 이 모든 순간이 오래도록 계속되기를 바랐다.

아이의 건강에 문제가 생긴 것은 50일도 채 되지 않았을 무렵이었다. 평소처럼 모유수유를 마치고 아이를 품에 안아 등을 토닥이던 중, 아이는 평소와 다르게 어딘가 불편한듯 자꾸만 몸을 뒤척거렸다. 매번 웃음짓게 만들던 우렁찬 트림 소리 대신에 분수 같은 토를 하기 시작했다. 그 작디작은 배에서 뭐가 그리 많이도 쏟아져 나오는지, 어찌할 바를 몰라 그대로 굳어버렸다. 아이를 안은 채 서둘러 움직일 수도, 놀라서 목소리를 높일 수도 없었다. 내 손바닥만 한 작은 등을 조심스레 다독이며 '괜찮아, 괜찮아' 중얼거릴 뿐이었다. 머릿속은 새하얘졌고, 아이의 등을 어루만지는 내 손끝은 미세하게 떨렸다.

아이의 피부는 하루가 다르게 상했다. 보들보들하던 볼은 거칠어 지기 시작했다. 오동통한 살이 접혀 올록볼록 귀엽기만 하던 부분에 붉게 염증이 생기더니, 이내 피부가 벗겨지고 진물이 배어 나왔다. 어른들은 태열이라고, 조금 지나면 괜찮아질 거라고 했지만 엄마의 직감으로 알 수 있었다. 무언가 잘못되고 있다는 것을.

*

"아토피 피부염입니다."

불안한 마음으로 달려간 대학 병원. 그 말은 온 세상의 빛을 사라지게 했다. 조금만 세게 쥐어도 다칠까 조심스럽기만 하던 아이의 작고 보드라운 팔에 굵은 주사바늘이 꽂혔다. 혈액 검사를 위해 피를 몇 통이나 뽑는 동안, 아무것도 모르는 아이는 그저 내 옷을 꼭 쥔 채 품에 안겨 있을 뿐이었다. 검사 결과는 계란, 견과류, 밀가루 알레르기와 아토피 피부염. 지금으로서는 치료할 방법도 없었고, 그저 증상을 완화시키는 대처밖에 할 수 없었다. 어쩌면 평생을 안고 가야 할지도 모를 질환. 왜 하필 내 아이에게 이런 일이 생긴 걸까. 억울함과 두려움이 한꺼번에 몰려왔다. 마음 한편에 남아 있던 작은 기대마저 무너졌다.

"예전의 나로 되돌아갈 수 없겠구나."

좌절하고 있을 시간은 없었다. 아이를 위해, 내가 할 수 있는 일을 찾아야 했다. 말도 못하는 생후 100일도 안 된 아이는 아프다는 신호조차 제대로 보내지 못했다. 울기라도 해주면 좋을텐데. 머리카락이 다 빠질 만큼 두피가 벗겨지고, 진물이 줄줄 흐르는데도 아이는 엄마 눈을 마주치며 방긋방긋 웃고 있었다. 긁는 방법을 몰라 베개에 그저 머리를 문지르기만 하는 바람에 진물과 피로 범벅이 된 아이를 안고 숨죽여 울었다. 안타까운 마음이었지만, 날카로운 주변의 말들은 날 더 힘들게 했다.

"애 피부가 왜 이리 엉망이야, 엄마가 제대로 관리를 못했나." "임신 중에 음식을 안가렸구나." "제왕절개해서 피부가 그런 거야."

근거도 없는, 엄마에게 죄책감을 주는 말들이었다.

모든 엄마들이 그러하듯, 임신 기간 동안 아이를 건강하게 키워내기 위해 온 힘을 다했다. 임신 전, 주위에서 임산부가 커피, 생선회 같은 음식을 먹으면 안 된다고 하는 것을 보면서, 하루 한 잔 커피와 신선한 회는 크게 문제가 되지 않는데 유난을 떤다고 생각했다. 닭고기를 먹으면 아이 피부가 닭살이 되고, 오리 고기를 먹으면 손가락과 발가락이 붙어서 태어난다는 어른들의 이야기에 말도 안 되는 미신이라며 화를 내곤 했다. 그러나 임산부가 되고 나서야 알았다. 태아에게 크게 문제가 되지 않는다는 사실과는 상관없이, 내 아이에게 조금이라도 걱정거리가 될 만한 일들은 하고 싶지 않았다. 입증된 사실이 아니면 믿지 않던 난 온데간데없고, 세상에서 가장 유난스러운 임산부가 되어 있었다.

처음부터 제왕절개를 하려고 하지 않았다. 건강하게 잘 자라던 아이는, 넘치게 건강했다. 초음파를 보러 가는 날마다 움직임이 활발했던 아이는 태동도 굉장히 강한 편이었다.

"아들이 발차기를 참 열심히 하네요."

"다리 힘이 엄청 좋은 가봐요."

만삭이 되어갈수록 온 배가 흔들릴 정도의 강한 태동

으로 존재감을 뽐내던 아이는, 출산 예정일을 3주 앞두고 대형 사고를 내고 말았다. 37주가 되던 날, 옆구리에 극심한 통증이 찾아왔고, 몸을 움직일 때마다 눈물이 날 정도로 아팠다. 몸이 아픈 것보다 아이 걱정이 먼저였다. 혹시 아이에게 문제가 생긴 건 아닌지 불안했다.

*

"갈비뼈 골절입니다."

 신나게 발차기를 하며 놀던 아이는 결국, 엄마 갈비뼈를 부러뜨렸다. 갈비뼈 골절이 생긴 상태로 진통이 시작되면 제대로 힘을 줄 수 없어 제왕절개를 해야 한다고 했다. 출산의 방법을 고민해 본 적은 없지만, 당연히 자연분만으로 아이를 낳을 거라고 생각하고 있었기에 아쉬웠다. 37주면 아이가 나와도 문제가 없는 시기였지만 조금이라도 더 아이를 품고 싶었다.

 "조금 더 버텨보고, 도저히 안 될 것 같으면 수술하겠습니다."

 만삭의 임산부는 천장을 보고 눕는 자세가 힘들다. 옆으로 돌아 누우면 한 쪽으로 쏠리는 배 무게 때문에 갈비뼈 통증이 더욱 심해졌다. 그나마 소파에 기대 앉는 자세가 통증이 가장 적고 견딜 만했다. 제대로 눕지 못하고 소파에 기대어 자며 2주를 버티고 39주가 되던 날이었다. 숨 쉬기도 힘들 정도로 심해진 통증에 응급으로 병원을 갔고, 바로 제왕절개를 해서 아이를 품에 안았다. 엄마가 임신 중에 음식을 제대로 가리지 않아서, 제왕절개를 해서 아이에게 아토피가 생겼다는 말을 하던 사람들. 내가 어떻게 아이를 낳았는지 알면 저렇게 아픈 말들을 할 수 있을까.

그저, 내가 가장 잘할 수 있는 방법으로 아이를 돌보기로 마음먹었다. 논문을 찾아 읽었다. 새벽이 될 때까지, 하나하나 읽어 나가며 신뢰할 만한 정보를 모았다. 아토피와 식품 알레르기에 대한 임상 결과, 도움이 될 만한 영양제 성분, 스테로이드 연고의 부작용. 인터넷에서 쉽게 찾을 수 있는 자료들도 과학적인 근거가 있는 것들만 골라내 아이에게 적용했다.

"어성초를 달여 목욕을 하면 아토피가 낫는대." "수세미 수액을 먹이면 좋다더라."

하나뿐인 손자의 피부를 위해 양가 부모님들은 수많은 민간요법을 알려주었고, 직접 질 좋은 약초를 구하러

다니는 수고스러움을 마다하지 않았다. 그 마음은 감사했고 서운해할 어른들의 마음도 알았지만, 내가 세운 기준을 지키기 위해 계속 애를 썼다. 내 생각만 옳다는 고집이 아니라 변수를 최소한으로 줄이고, 아이를 책임지고 보살펴야 하는 주양육자로서, 흔들리지 않기 위한 선택이었다.

목욕과 보습, 환부의 드레싱까지 아이에게 잘 맞는 루틴을 만들기까지 시행착오도 있었지만 조금씩 안정을 되찾고 있었다. 잠을 설치며 두 시간에 한 번씩 진물이 배어 나오는 피부를 소독하고, 새 거즈를 갈아주며 새벽 수유까지 해야 했다. 하루가 다르게 지쳐가고 있었지만, 아이는 상위 5%에 들 정도로 건강하게 자라고 있었다. 그 사실이 나를 끝까지 버티게 했다.

하지만, 끝내 풀리지 않는 문제가 있었다. 아이가 매일 씻고 바르는 화장품. 아토피 피부에 도움이 될 수 있는 성분이 들어 있지만, 유해 성분은 최대한 배제된 세정제나 보습제를 찾아 이것저것 사용해 보았다. 제품을 바꿔가며 사용해 보아도 마음에 들지는 않았다. 물론 잘 알고 있다. 시중에 유통되는 제품들은 엄격한 품질 검사를 통과한 안전한 제품이라는 사실을. 아이의 피부가 조금이라도 더 나아지기를 바라며 하루하루를 살아가는 엄마에게 '기준을 통과했다'는 말은 충분하지 않았다. 가능성이 1%라도 있다면, 그 1%조차 피하고 싶었다. 유난이라고 생각할 수도 있겠지만 당시의 나에게는 당연한 선택이었다.

"필요한 성분만 담아서 직접 만들어볼까?"

긴 고민 끝에 도달한, 어떻게 보면 너무도 당연한 결론이었다. 난 화학을 전공했고 하루의 반을 하얀 가운을 입고 실험실에서 살다시피 하던 연구원이었다. 집에서 사용할 화장품이나 비누를 만드는 데 화학적 지식이 꼭 필요한 건 아니지만, 그래도 조금 더 유리한 위치에서 시작할 수 있을 거라는 기대가 있었다.

*

식물에서 추출한 에센셜 오일을 활용해 몸과 마음의 균형을 바로잡는 아로마테라피, 피부 타입에 맞는 성분들로 직접 만드는 화장품, 합성 계면활성제에 비해 피부 자극이 덜한 비누. 이 세 가지를 배워 보기로 마음먹었다. 세 달 동안 이어지는 수업, 300만 원에 가까운 수강료, 아직 돌도 지나지 않은 아이를 친정 엄마에게 맡기고 다녀야 한다는 부담. 어느 것 하나 쉽지 않은 상황이었고 꽤 긴 시간을 혼자 고민하고 있었다.

정말 아이에게 도움이 될까, 잘할 수 있을까. 망설임이 길어질 즈음, 시작할 수 있는 용기를 준 것은 남편의 한 마디였다.

"넌 내가 아는 사람 중에 가장 똑똑한 사람이야."

"하고 싶은 거라면, 얼마든지 해 봐."

"못 할 거라는 생각은 들지 않아."

지금은 어엿한 법인의 대표가 되었지만, 그 당시에는 평범한 직장인이던 남편에게도 강의료는 적지 않은 금액이었고, 육아에 시간을 더 할애해야 한다는 부담도 있었을 것이다. 대학과 대학원 시절을 모두 함께 보낸 사람. 내가 어떤 사람인지, 무엇을 중요하게 여기는지 가장 잘 아는 사람이 건넨 말은 내 선택이 틀리지 않았다는 확신이 되어주었다.

취미로 배움을 시작한 사람들 사이에서, 난 치열했다. 궁금한 건 넘어가지 않았다. 관심이 가는 자격증을 하나씩 늘려가며, 부족한 부분은 대학 전공 교재나 논문으로 스스로 채워나갔다. 아이 피부에 도움이 될 만한 식물성 오일과 기능성 첨가물로 보습제와 자극이 적은 수제 비누를 직접 만들었다. 아이의 피부는 늘 예측이 어려웠다. 보송하던 피부가 어느 날 갑자기 거칠어지고 진물이 나기도 했다. 그럴 때마다 아이의 피부 상태에 맞게, 내가 만든 제품들로 아이를 돌보았다. 엄마의 정성 덕분일까, 화학 성분에 의한 자극이 줄어든 덕분일까. 신기하게도 스테로이드 연고 사용량은 점점 줄어들고, 회복 속도는 빨라졌다. 작지만 눈에 띄는 변화들이 시작되자, 나는 더 깊이 공부하고, 더 많이 만들었다. 그리고 빠짐없이 기록하며 완성도를 높여갔다.

아이의 피부를 위해 시작한 공부는 2년 가까이 이어졌다. 하루하루가 절박했고, 그만큼 온 마음을 쏟아 부었다. 그러는 사이, 나도 모르게 더 많은 것들을 배우고 익히게 되었다. 웬만한 공방 선생님 못지않게, 지식도 경험도 쌓여 있었다. 그리고 즐거웠다. 줄곧 아이만 바라보며 달려왔다고 생각했다. 하지만 문득, 거울 속 내 눈빛과 표정이 달라졌다는 걸 알았다. 경력 단절과 고단한 육아로 희미해졌던 예전의 내가 조금씩 보이기 시작했다. 아이를 지키기 위해 시작한 배움이, 결국은 나를 다시 일으켜 세운 과정이 된 것이다.

*

 공방을 열고 강의를 시작한 지 어느덧 7년차가 되었다. 일을 하면서도 관심 있는 분야에 대한 공부는 꾸준히 이어왔다. 그 노력들 덕분인지 함께 일했던 기관으로부터 "다시 만나고 싶은 강사" "신뢰할 수 있는 강사"라는 평가를 들으며, 마케팅을 하지 않아도 재수업 요청과 소개들로 연간 100건 이상의 단체 강의가 몇 년째 이어지고 있다. 그동안 만난 수천 명의 수강생들 중 몇몇은 반가운 연락을 주기도 한다.

"강사님, 수업 시간에 만든 보습제를 쓰고 아이 피부가 정말 부드러워졌어요."

"자격증반에서 배워서 직접 구성한 레시피로 화장품을 만들었는데, 가족들이 다 좋아해요."

"손 씻는 걸 싫어하던 아이가 엄마가 만든 비누로는 스스로 뽀득뽀득 너무 잘 씻어요."

내가 느꼈던 뿌듯함을 똑같이 경험하고 있는 그 모습이 꽤나 깊은 여운을 남겼다.

열 살이 된 우리 아이 역시 엄마가 만든 화장품과 비누를 너무 좋아한다.

"우리 엄마는 비누를 만드는 선생님이야."

"로션과 비누는 엄마가 다 만들어주는 거야."
"우리 엄마는 뭐든 다 만들 수 있어."

친구들에게 자랑하듯 말하는 아이의 표정을 보면, 내가 애쓴 시간들이 헛되지 않았다는 생각이 든다. 먼저 이야기하지 않으면 아토피가 있는지 모를 정도로 깨끗해진 아이의 피부에는 내 피나는 노력이 담겨 있다.

하지만, 운이 좋았다는 것도 알고 있다. 비교적 빠르게 알레르기를 발견했고, 조심성이 많은 아이라서 낯선 음식을 먹지 않아 위험한 일들도 생기지 않았다. 알레르기 유발 원인이 되는 물질들을 차단하고, 화학 성분으로 인한 피부 자극을 줄인 것이 우리 아이에게 잘 맞아떨어졌던 것이다.

아이를 보살폈던 경험과 수강생들로부터 받은 감사한 피드백들이 쌓이면서, '강사'라는 직업에 대한 생각이 변화하기 시작했다. 몇 건의 강의를 하는지, 수익이 얼마인지도 중요하다. 하지만 그보다, 나의 경험으로 힘든 마음을 다독여줄 수 있고, 함께 고민하며 변화를 만들어 갈 수 있는 강사. 누군가의 새로운 첫 걸음을 함께 시작하는 강사가 되기 위해, 난 계속 고민하고 있다.

돌이켜보면, 아이의 피부를 계기로 시작했던 작은 일

이 지금의 나를 만들었다. 배움이 쌓이며 뜻밖의 즐거움이 생겼고, 두 번째 직업이 되었다. 주어진 기회를 놓치지 않으려고 애쓰는 사이에 어느덧 나는 강사를 양성하는 강사가 되었다. 눈앞에 닥친 일을 해결하기 위해 시작한 일이, 누군가의 시작을 돕는 일이 된 것이다. 하지만, 경력 단절 여성들에게 새로운 시작을 꼭 해야 한다고 말하고 싶지는 않다. 가정을 돌보고 아이를 키우는 일은, 그 자체로 충분히 의미 있는 일이다. 내가 경험한 바, 그 시간을 온전히 견뎌낸다는 것만으로도 대단한 일이라고 생각한다.

다만, 지금의 내 모습이 만족스럽지 못하다면, 어떤 것이든 시작해 보았으면 한다. 아주 작은 변화라도 상관없다. 새로운 직업을 찾겠다는 거창한 결심 같은 건 필요 없다. 내가 그랬던 것처럼 작은 시작이 어느새 새로운 길이 되기도 하니까. 나에게 부끄럽지 않고, 사랑하는 가족 앞에서 당당할 수 있다면, 어떤 선택을 하든 그 삶은 충분히 의미가 있다. 나 또한 그 마음을 지키며 살아가는 중이니 말이다.

제로 웨이스트를 문득 만날 때

김경애

"버리는 순간, 아이디어가 시작된다!"
새롭게 시작하는 공방에서 길어 올린 첫 책,
첫 여정의 설레는 마음을 꾹꾹 눌러 담았다. 감각과 실용이 살아 있는 창작 여정을 이어갈 공방장.

○
○

"퍽."

 별이 보이는 순간, 잠시 시간이 멈춘 듯, 기억은 블랙아웃되고 별이 보이는 찰나, 바로 교통사고였다.

 뒷 차와의 충격으로 내 차가 튕겨져 나갔다. 내려보니 상대는 언어장애인이라 소통이 안 되는 분이었다. 경찰도 부르고 보험회사를 불렀다. 집에 가니 몸이 어제와 같지 않았다. 교통사고 충격으로 장기가 놀라 으스스하게 떨리는 느낌으로 겨우 잠이 들었다.

 다음날 병원에 가서 진단을 받으니 뇌진탕과 목디스크 진단. 목디스크가 세 개나 나가서 1년간 강제 경력단절이 되고 말았다.

추나 등 치료를 받으면서 준비하려던 가게를 접고 치료에 매진하면서 23년 봄부터 몸이 조금씩 좋아졌다. 이대로 있으면 안 될 듯해서 사업계획서 관련 강의를 들으면서 아이템 연구도 하고 치료를 병행하게 되었다.

그러던 중 23년 11월에 공방 자리 꼼꼼하게 알아보고 사업계획서를 쓰고 면접을 봤다. 계약금을 내고 준비하려던 찰나 사업계획서 통과! 열심히 알아보고 부지런한 자에게 복을 준 걸까! 이후로도 여러 사업에 수월하게 선정이 되었다. 운도 좋았고 술술 풀리는 한해였다. 사업은 운칠기삼이라더니.

공방과 사업계획서를 준비하던 그때는 잘 몰랐지만, 지켜보신 분들이 1년 사이에 많은 발전을 했다고 말할 때가 있었다. 그때 느낀 보람은 말로 할 수 없다. 예비창업자에 선정되어서 발표와 서류 등 준비할 것이 많았기에 공방 오픈은 점점 뒤로 미뤄졌다.

24년 5월, 가오픈 후 천연 공방으로 자리 잡고 싶었다. 공방 근처에 있어 종종 강의를 들으러 갔던 천내리 도시재생센터에서 제로웨이스트 과정을 진행을 한다기에 덜컥 등록을 했다. 그렇게 차차 더 많은 것들을 배우게 되었다.

　　　　　　　　　　＊

　제로웨이스트는 쓰레기를 제로로 만든다는 취지의 활동이다. 제로로 만들기는 힘들겠지만 쓸데없는 낭비와 플라스틱 사용량을 줄이고 미래의 환경과 지구를 위한 활동이다.

　미국의 비 존슨이란 베스트셀러 작가는 집안의 쓰레기 양을 극도로 줄이며, 전 세계에 제로웨이스트를 알렸다. 비 존슨 작가의 4인 가족 쓰레기는 1년에 1리터 병도 채 되지 않는다고 한다. 우리가 배우는 제로웨이스트 과정은 이에 영감을 받은 강사 과정이다. 일상에서 자주 사용하는 천연 비누(CP비누)와 세제, 고체 치약, 샴푸바 등을 사용해 플라스틱 용기 사용을 줄이고 가정과 일상에서 친환경 생활제품을 사용하게 하는 프로그램이다.

　고체 치약은 튜브형 타입이 아닌 여러 가지 식물성 성분을 빚어서 재사용 가능한 용기에 넣는 것으로, 씹어서 거품을 내는 타입이다.

　친환경 가루세제도 만들어 옷에 잔여물이 많이 남는 액상류의 미세플라스틱 양도 획기적으로 줄였다.

　CP 비누는 가성소다와 정제수, 식물성 가루, 오일류를 넣고 4주 간의 저온숙성을 거쳐 만드는 천연비누이다.

샴푸바는 제로웨이스트 수업 중에서 인기가 제일 많다. 매일 쓰는 거라 탈모 샴푸바, 한방 샴푸바, 올인원 키즈바 등 수강생들의 관심이 가장 많이 쏠리는 제품들이다.

우리의 모임엔 경력 단절 여성도 있고 공방 운영을 하는 분도 있고, 전업주부도, 아이 엄마도 있다. 수강생 열네 명이 함께 출발해, 두 달 동안 모든 수료 과정을 빠짐없이 마쳤고 지금은 새로운 미래를 함께 꿈꾸고 있다.

우리들은 현재 천내리 마을강사를 하면서 자금을 비축하고 있다. 앞으로의 시간들을 위해 협동조합도 만들어서 즐겁게, 함께 성장하는 중이다. 하루하루 재미있는 일을 만들고 싶다. 누군가에게는 우리의 모습이 자극이 될 수도 있고 멋져 보일 수도 있을 것이다. 그런 마음들을 모아서 사람들에게 생기를 불어넣고 싶다.

에필로그

꿈을 위한 꿈

정용희

누군가의 꿈과 희망을 먹고
힘을 내는 워커홀릭.

○
○

지역개발 컨설턴트˙ 일을 시작한 지 10년이 넘었다. 그 세월을 요약하자면, 월급루팡을 꿈꾸는 워커홀릭이었다. 여러 지역으로 출장을 다녀야 했던 탓에 10년 동안 지구 몇 바퀴를 돌았을 것 같은 이동 거리를 다녔다. 대문자 I지만 출마하는 정치인마냥 지역 주민들을 만나고 다녔다. 외지인은 배척하고 보는 시골이지만, 가는 곳마다 제2의 고향이 되었다. 그렇게 난 주민들이 반겨주는 인기 스타가 되었다.

기업에서 일할 때는 회사 수익을 높이는 게 첫 번째

* 지역의 인구 유입, 일자리 창출 등 그 지역을 활성화하기 위한 계획, 기획, 교육 등을 하는 사람.

목표였다. 능력을 인정받는 가장 쉬운 방법이었다. 컨설턴트로서 성과를 내는 것보다 회사에 돈만 많이 벌어다 주면 능력 있는 직원이 되었다. 대표에게는 돈 많이 벌어다주는 직원, 사업지 주민들이 램프의 요정 지니처럼 해달라는 건 어떻게든 들어주는 반가운 존재가 되기 위해 일했다. 양쪽 모두에게 만족감을 주는 건 좌파 정당과 우파 정당이 통합하는 것처럼 어려운 일이었기에 워커홀릭이 될 수 밖에 없었다. 그 외줄타기를 5년 넘게 하면서 번아웃이 왔다. 아쉽게도 번아웃을 이겨낸 적이 없다. 지금도 여전히 진행 중인지도 모르겠다.

번아웃을 잊게 하는 일들

번아웃이 오고 가면서도, 가끔은 박카스처럼 힘든 일을 잊게 하는 일들이 생긴다. 농사나 바다 일로 생계를 유지하는 곳, 슈퍼조차 없는, 환갑이 넘어도 동네 막내로 청년회를 이끌어가야 하는 사람들이 대부분인 시골에 일을 하러 다녔다.

팔십 먹은 막내가 바닥을 훔치며 교육을 준비하는 시골 마을회관에서 생명의 대부분을 소화해 버린 할머니 열 분을 만났다. 독립과 전쟁을 겪은 시골 마을 딸아이로 태어나, 제대로 된 교육을 받기는커녕 귀하지 못한 이름을 가지고 살아가는 할머니들이었다. 둘째라서 김둘이, 박둘이. '그 시절 유행하는 이름이었나?' 착각할 만큼 어딜 가나 있는 그 이름 둘이.

한글은 모르지만 이름은 꼬깃꼬깃 적으시는 할머니들을 모아 놓고 문해교실을 운영했다. "아들 군대 보냈을 때 편지 한 통 못 보내가 한이었는데, 이제라도 보내줘야겠다"라는 할머니. 회사로 복귀하는 내 손에 직접 농사 지은 각종 채소들을 가득 쥐어주시는 할머니. 당시에는 어르신 보행기가 많이 보급되지 않았던 시기여서 유모차를 지팡이 삼아 동네를 다니시는 할머니들이 많았는데, 다른 교육을 진행할 때엔 결석을 많이 하더라도 한글을 배울 때는 결석이 없었다.

신기했다. 재미없어 보였던 교육이 참여도가 가장 좋았다. 일기도 쓰고 편지도 쓰고 기뻐하던 모습이 떠오른다. 하루에 두 번 왕복하는 버스를 타고 장날에 다녀온 할머니는 "간판 글자 읽는다고 버스 못 탈 뻔했다 아인겨"라며 너스레를 떠셨다. 100점을 받아 엄마에게 자랑하는 아이처럼 자랑을 하실 때면 교육을 기획할 때 허투루 해선 안되겠구나 싶어 어깨가 무거웠다. 시간을 더 투자했다. 어떻게 해야 더 도움이 될까. 어떻게 하면 주민들에게 실질적인 도움을 줄 수 있을까.

누가 알아주는 것도 아닌데 할머니들에게 동기부여가 될 만한 영상을 만들었다. 처음에 〈유 퀴즈 온 더 블록〉에 한글날 특집으로 방영된 문해교실 참가자들의 이야기를 보여드렸다. 다른 삶이지만 비슷하게 힘든 삶을 살아온, 한글을 배워 인생의 변화를 느낀 선배들의 이야기를 보면서 동기부여가 되길 바랐다. 한 시간이 넘는 영상에도 방청객처럼 박수도 치고 깔깔 웃으시며 집중해서 시청하는 할머니들의 모습에 처음으로 내가 하는 일에 재미를 느꼈다.

일주일에 두 번, 두 시간씩 한글 교실만 하고 집으로 돌아가는 그 뒷모습이 마지막 모습일까 봐, 보통 사람의 하루보다 더 소중한 하루를 살아가는 분들이었기에 짧은 영상이라도 만들어서 보여드리고 싶었다.

그러다가 함안으로 가게 되었다. 내 경력이 쓸모가 있어 임기제 공무원 생활을 시작했고, 이제는 수익을 내기보다는 얼마나 돈을 '잘' 쓸지만 생각하면 됐다. 로켓배송은 안 되지만 읍내에 중대형마트도 있고 젊은 사람들도 많고 카페도 수십 개 있는 상권이 있는 지역이다. 하지만 읍내를 벗어나면 슈퍼보다 과속 단속 카메라가 더 많은 시골이다.

그런 곳에 대한민국 어딜 가나 있는 벽화를 그리고 싶어졌다. 제일 싫어하던 사업 중 하나였다. 그려 놓으면 이쁘지만 조금만 지나면 벗겨지고 관리가 안 돼서 흉물이 되니까. 그래서 '흉물이 되기 전에 또 새로 그리면 늘 깨끗하고 예쁜 마을이 될 수 있지 않을까?'라는 기획을 했다. 직접 그려 보자. '몇천만 원을 들이지 말고 페인트랑 붓만 있으면 되지 않을까?' 싶어 교육을 기획하고 사람을 모았다. 주민 10명을 추렸다. 의도하진 않았지만 여성들만 모였다. 30대부터 70대까지 다양한 연령으로 구성된 그룹. 특별한 일이 없다면 비슷한 인생을 살아갔을, 시골에 터를 잡고 사는 그녀들이 새로운 인생을 위해 문을 두드렸다.

대부분 학교 미술 시간에 그린 그림이 인생의 유일한 작화 경험이었다. 막연히 해보고 싶다는 마음만으로 벽화를 그리기 시작했다. (벽화 선생님을 모셔와 몇 번의 사전 강의를 진행했다.) "미술 전공했어요? 왜 이렇게 잘 그려요?" "아니, 졸업하고 처음 그려봐요." "함안에

예술가 또 나오겠네."(이우환 화가가 함안 출신이다) 웃음꽃이 피는 시간이었다.

  시골 마을을 다니면서 벽 하나를 책임지고 그림을 그려나가면서 변하는 건 마을만이 아니었다. 그녀들은 벽화만 그리는 것이 아닌 새로운 꿈을 그리는 것 같았다.

  일이 커졌다. 시골의 입소문은 도시의 SNS만큼 속도와 파급력이 놀랍다. 벽화를 조성한 지 네 번째 마을쯤 됐을 때 한 읍사무소에서 의뢰가 들어왔다. 예산을 지원할 테니 벽화를 그려달라고 했다. 이렇게 빨리 기회가 찾아올 줄 몰랐다.

  업체에 맡기는 것보다 훨씬 적은 예산을 투입해서 정비사업을 할 수 있다는 사실에 공무원들도 긍정적이었다. 무엇보다 결과물의 수준이 떨어지지 않는다는 점과 마을의 이야기를 벽화에 녹이고, 주민들이 직접 그림을 그린다는 스토리텔링까지. 누가 봐도 좋아할 수밖에 없지 않았을까.

  함안을 떠나고도 가끔씩 소식을 듣는데, 하나둘 벽화를 그려나가면서 그녀들은 '넘사벽'이라는 멋진 이름의 조직을 구성해 활동하고 있다고 한다. 조금씩이지만 수익도 생겼다고 한다. 이제 경남에서 벽화 사업을 하는 회사로 성장 중이다.

23년에 대구로 돌아왔다. 농어촌 지역만 담당하다 운 좋게 고향인 대구에서 도시재생사업 업무를 하게 되었다. 말 못할 여러 가지 상황으로 인해 몇 달이 안 되어 이직한 곳의 결정권자가 되었다. 둘 중 하나다. 일을 안 하거나 일을 만들거나. 일을 만드는 쪽을 택했다.

머릿속으로 생각만 해왔던 사업 구상이 있었다. 마을을 살리고, 좀 더 잘 살아보려고 세금을 투입해서 지역개발 사업을 한다. 사업을 하는 동안은 잠시 활기를 찾지만 사업 기간이 끝나 예산을 다 소진하고 나면 사업하기 전과 달라지는 게 별로 없다. 겉은 번지르르 하지만 관리하기 골치 아픈 건물만 남는다.

그런 곳이 전국에 수백 개가 있다. 내가 담당하는 곳은 그렇게 실패하는 곳으로 만들고 싶지 않았다. 누구보다 잘 돌아가는 곳으로 만들고 싶었다. 사업이 끝나도 주민들이 자립해서 사업하기 전과 다른 변화된 삶을 살고, 마을이 변화되는 걸 꿈꾼다.

그래서 일을 만들었다.

*

사업이 끝나면 예산이 없어 외부 강사를 초빙할 수가 없기 때문에, 지역 주민들이 마을 강사가 되어 직접 다른 주민들을 교육시킬 수 있다면 좋지 않을까. 횟수로 천 회가 넘게 교육을 진행했을 때쯤 생각과는 다른 일이 일어났다.

함안에 있을 때 지역 특색을 살려보겠다고 수박 비누를 만들며 같이 일한 인연이 있었다. 5년째 협업을 하고 있는 실력 있는 강사님을 섭외했다. 우리의 일이 도시재생이었고, 제로웨이스트와 지향하는 바가 비슷해 제로웨이스트 수료증 과정을 기획했다. 작게는 마을에 활동적인 동아리를 구성하는 것, 크게는 마을 강사를 양성하는 것이 목적이었다.

센터에서 진행하는 프로그램에 흥미가 있고 수료증을 취득하고 싶어 참석했던 그녀들이었다. 교육이 진행되던 중간 시점에 그녀들에게 알렸다. 수료증을 발급받고 배운 것들을 우리가 강사가 되어 마을 주민들에게 알려주려고 한다고. 강사 활동을 하게 될 거라는 미래는 상상하지 못했을 그녀들은 그 시점부터 프로젝트를 수행하는 커리어우먼처럼 치열해졌다. 부담감을 느낄 새도 없이 무대에 서기 위해 열심히 공부했다. 빛을 잃었던 보석이 반짝이기 시작했다. 돌이켜보면 기분 좋게 소름이 돋는 순간이다.

  이번에 섭외한 강사님은 교육생에게 애착을 가지고 강의를 진행해 교육 효과를 극대화시켜 주는 몇 안 되는 분이었다. 그 때문에 열네 명의 그녀들이 점점 큰 꿈을 꾸게 된 것 같아 내게는 귀인같은 존재다.

  경력 단절 여성 열네 명은 서로에게 응원을 주는 든든한 지원군이자 동업자였고, 긍정적인 에너지를 나누어서인지 빠르게 성장했다. "청심환 있어요?"라고 물어보며 떨리는 마음을 숨기지 못하고, 강의를 하다가 대답 없는 교육생은 미리 연습한 시나리오에 없었는지 당황한 듯 다음 대사를 고민하고, 대학교 과제 발표하듯 PPT 자료를 또박또박 읽으며 강의를 진행하던 그녀들. 이제는 화면도 보지 않고 자연스럽게 정보를 전달하는 근사한 강사가 되었다. 치열하게 회의하고 자료를 만들고, 강의를 진행하는 그녀들의 모습은 나를 움직이게 하는 힘이 되었다. '제로담'이라는 협동조합도 설립했다. 일은 점점 커졌다. 지금도 그녀들과 무슨 일을 벌일지 고민하고 있다.

얼마 전, 앞서 언급한 귀인에게 제로담의 미래를 구상하며 생각을 얘기했더니 행복해 보인다며 직업 만족도가 높아 보인다고 하셨다. 체감하지 못했을 뿐, 요즘 행복하게 일을 하고 있구나, 싶었다. 이 말이 일을 하면서 들어본 최고의 칭찬이 아닐까.

남 잘되는 일만 하는 직업이라 생각했던 적이 있었다. 이제는 누군가의 인생에 변화를 줄 수 있는 직업을 가졌다 생각한다. 한글을 깨우치고 기뻐하는 할머니들, 벽화로 꿈을 그리던 시골 마을의 '넘사벽' 그녀들, 마을 강사로 제2의 꿈을 찾는 '제로담' 그녀들에게 고맙다는 말을 전하고 싶다.

그 고마움에 여전히 워커홀릭으로 살고 있다.

숨겨둔 이야기

초판 인쇄	2025년 9월 16일
초판 발행	2025년 9월 23일

ⓒ 천내리 2025

지은이	천내 제로담 협동조합
펴낸이	최아영
교정	김선정
마케팅	이 책을 읽은 당신
디자인	정나영
인쇄	제이오
펴낸곳	느린서재
출판등록	2021-000049호
전화	031-431-8390
팩스	031-696-6081
전자우편	calmdown.library@gmail.com
인스타	@calmdown_library
뉴스레터	calmdownlibrary.stibee.com
블로그	blog.naver.com/calmdown_library
ISBN	979-11-93749-30-2 03810

• 이 책을 저작권법에 따라 보호받는 저작물이므로 무단 전재와 복제를 금지합니다.
• 이 책의 전부 또는 일부 내용을 재사용하려면 사전에 저작권자와 느린서재의 동의를 받아야 합니다.
• 잘못된 책은 구입하신 곳에서 바꿔드리며, 책값은 뒤표지에 있습니다.
• 느리게 읽고 가만히 채워지는 책을 만듭니다. 느린서재의 서른 번째 책을 구매해 주셔서 감사합니다. 이 책은 "천내리 도시재생사업"의 지원을 받아 만들어졌습니다.
• 책의 본문은 그린라이트 80g, 표지 종이는 올드밀 220g 종이를 사용하였습니다.

변화된 삶을 살고, 마을이 변화되는 걸 꿈꾼다.